『粵西府縣舊志叢書』整理編輯委員會

主　編：孫長軍

副主編：蔡　平（执行）　鄧　建　劉　剛

編　委：（以姓氏筆畫爲序）

李玉晶　沈曉梅　閆　勖　張蔚虹　彭潔瑩　董國華　趙永建　蔡　平

裴夢蘇　鄧　建　劉世傑　劉　剛　劉　嵐　閻懷蘭　鍾嘉芳

粵西府縣舊志叢書

孫長軍 主編

康熙遂溪縣志

（清）宋國用 修 洪泮洙 纂
蔡平 整理

暨南大學出版社
JINAN UNIVERSITY PRESS
中国·广州

『粵西府縣舊志叢書』總序

一、『粵西』所指及叢書範圍

『粵西』與『粵東』相對，本是一歷史地名。《中國歷史地名大辭典》：『粵西，指今廣西壯族自治區，為廣西之別稱，因位於古百越（粵）地西部而名。』『粵東，指今廣東省地，因位於古百越（粵）地東部而得名。』清人汪森所輯《粵西通載》一百三十卷（《粵西詩載》二十五卷，《粵西文載》七十五卷，《粵西叢載》三十卷），書名『粵西』即指今廣西。其《粵西詩載序》曰：『凡系粵西之事，形之詩與文者，抄撮成一編。』雖然其中所錄詩文的書寫並非盡為今廣西之事，以廣西視角的觀照是明確的。至民國陳柱編輯明末清初至民國十三年十四家詩，則皆為廣西人詩作。今人曾德珪所編《粵西詞載》網羅清宣統三年以前廣西歷代詞作而成。以上所稱『粵西』，均屬史的稱謂。即便是當代學者面對廣西的歷史文化問題研究，仍有以『粵西』名之者，胡大雷《粵西文化與中華文化研究·前言》說：『之所以稱粵西文化而不稱廣西文化，則是出於我們的研究比較多地是注重文化史研究的考慮。』明清時期的廣東，有『粵中』『粵東』之稱。清乾隆時期范端昂輯撰的《粵中見聞》，是一部以廣東風物為記述内容的筆記散文。乾隆時期順德人溫汝能纂輯《粵東詩海》，則以清代廣東省域為範圍，收錄廣東本土詩人之詩作。吴永光《粵東詩海·前言》指出清代廣東的政區範圍：『粵東，或稱東粵，以其地處古百粵之東，故有此稱。含今廣東省、海南省及廣西欽州地區。』

現代意義上的粵西，一般是地理、經濟、文化等的綜合指稱，包括湛江市、茂名市、陽江市、雲浮市及肇慶市和江門市的部分地區。《廣東省今古地名詞典》：『粵西，泛指廣東省西部地方，包括肇慶市、湛江市、茂名市及陽江市。』隨着改革開放四十年廣東經濟社會的發展，珠三角地區向外的逐漸輻射，粵西的指稱範圍相應地也在縮小，今通常指廣東西部四個地級市，即湛江、茂名、陽江、雲浮。四市於明清時期分屬於雷州府、高州府、肇慶府及羅定州，其中湛江市所轄地域在明清時期盡歸於高、雷二府，徐聞、海康、遂溪屬雷州府，廉江（石城）、吴川屬高州府。雷州府三縣位處雷州半島，是雷州文化孕育、發展的主體區域，與雷州府毗鄰的高州府是雷州文化的輻射區域。故將高、雷二府所包含的舊志作為『粵西府縣舊志叢書』整理的對象，叢書名稱中的『粵西』僅指今湛江、茂名二市。

粵西府縣舊志整理所依據的底本為《廣東歷代方志集成》之『雷州府部』『高州府部』所收編的舊志。『雷州府部』含本府縣舊志十一種，即《萬曆雷州府志》《康熙雷州府志》《嘉慶雷州府志》《康熙海康縣志》《嘉慶海康縣志》《民國海康縣志》《康熙遂溪縣志》《道光遂溪縣志》《康熙二十六年徐聞縣志》《康熙三十七年徐聞縣志》《宣統徐聞縣志》。『高州府部』含本府縣舊志三十五種，即《萬曆高州府志》《康熙高州府志》《乾隆高州府志》《道光高州府志》《光緒高州府志》《嘉慶茂名縣志》《光緒茂名縣志》《康熙二十六年茂名縣志》《康熙三十八年茂名縣志》《康熙十二年電白縣志》《康熙二十五年電白縣志》《道光電白縣志》《光緒電白縣志》《民國電白縣志稿》《康熙十三年信宜縣志》《康熙二十六年信宜縣志》《乾隆信宜縣志》《光緒信宜縣志》《康熙九年化州志》《康熙二十五年化州志》《乾隆化州志》《道光化州志》《光緒化州志》《康熙八年吴川縣志》《康熙二十六年吴川縣志》《雍正吴川縣志》《乾隆吴川縣志》《道光吴川縣志》《光緒吴川縣志》《康熙六年石城縣志》《康熙二十五年石城縣志》《康熙五十一年石城縣志》《嘉慶石城縣志》《光緒石城縣志》《民國石城縣志》。合高、雷府縣舊志總為四十六種，除其中少部分因版面字蹟漫滅不具備整理條件外，均納入叢書之内。

二、舊志整理——地域歷史文化研究的基礎工作

從人類發展史看，任何一個民族或族群，在求得自身生存、發展的歷史進程中，都必然依賴於某一特定的地理空間，在這一地理空間内繁衍生息，既接受大自然的賜予，適應特定的地理環境，又在一定程度上影響甚至改變着周圍的自然地理環境，這種雙向互動便産生各式各樣的、帶有人的影響印蹟的、物質性的或非物質性的形態，我們通常將這些形態稱作『文化』。一種生命體與其生存的環境發生互動是普遍存在的，並非僅有人類如此，但其他生命體與環境互動産生的結果都不能稱作『文化』，惟獨人與環

境互動的衍生物才是『文化』。或者也可以這樣說，『文化』是人類的特有屬性之一。這種對『文化』內涵所指的認定，是以人與自然的二元存在為觀照點的，更傾向於人的主體地位。常言道『一方水土養一方人』，這是立足於自然空間環境的說法，將人看作自然的一部分。因為一方水土並非只養一方人，還養育着這方水土上的其他生命體。一方水土上的人受一方水土的滋養，反過來一方水土也在一定程度上受到人的影響，這一方水土的人與這方水土的互動，便構成地方文化，或稱作區域文化。

中國幅員遼闊，民族衆多，各地有各地獨特的文化形態和文化生成脈絡。從较大地域空間而言，湛江地方特色文化屬嶺南文化的構成部分，而今廣東政區所屬又是嶺南文化孕育、生成、發展的最主要區域。在這一區域中，由於早期百越民族的外遷與不同歷史時期中原漢民族族群的南下，北方漢民族和嶺南百越民族或融合，或獨立發展，形成了多樣化的族群文化形態，這些不同形態的族群文化有着特定的存在空間，諸如廣府民系所代表的廣府文化主要分佈在珠三角地區、客家民系所代表的客家文化主要分佈在粵東北地區、潮汕民系所代表的潮汕文化主要分佈在粵東沿海的潮汕地區。今湛江政區所屬區域最具特色的文化形態被人們界定為『雷州文化』，而且『雷州文化』在一定話語層面被指稱為廣東四大地方文化板塊之一。然而，雷州文化是怎樣性質的地域文化，是否如同廣府文化、客家文化、潮汕文化一樣主要基於三大漢族族群稱謂的文化類型，哪些方面的特質決定了它可與其他三大文化形態並列指稱，都缺乏必要而有力的註腳，常常給人以比附甚至是『攀附』的印象。再者，長期以來，官方話語和學術話語中，提起湛江的地域文化，往往籠統地以『雷州文化』概之，這種觀念所帶來的結果，一方面造成更廣大社會層面人們的誤讀，以為湛江的歷史文化就是雷州文化，連帶而來的是吳川、廉江兩地對雷州文化的排斥；另一方面，從事湛江地域文化研究的學者，多重視和傾向於雷州文化研究，而忽略了不能納入雷州文化圈層的廉江和吳川的地域文化，造成湛江地域文化發掘和研究上的不平衡局面。

之所以形成湛江地域文化話語中的諸多疑問（爭議），不少專家學者或地方文化人參與研究與闡釋地域文化，卻似乎沒有誰能說得更明白，也沒有哪一家說得更令人信服。究其原因，最根本的是長期以來看似越來越多的地域文化研究成果，卻僅僅是對部分舊有史料的反復使用和轉抄，對這部分被人們用熟了的材料轉換視角進行再闡釋和再使用，其結果就是無論文章還是著作，都給人似曾相識感。地域文化研究，並非純屬學術層面的基礎研究，而是一種綜合研究，是基礎性研究、闡釋性研究、傳承性研究、創新性轉化的應用研究的綜合。當下的湛江地域文化研究，僅僅停留在文化現象的闡釋性研究層面，基礎性研究不夠，闡釋性研究是片面的、缺乏整體性和客觀性的；缺乏和忽視傳承性研究與創新轉化研究，則失去了闡釋性研究的存在意義和價值。在基礎性研究、闡釋性研究、傳承性研究、應用性研究這一綜合研究體系中，所有研究都必然是從基礎研究做起。對於湛江而言，頭等重要的基礎性研究課題便是要弄清楚今日湛江政區範圍內，在歷史時期留下了怎樣的文化遺產，包括物質性文化遺產和非物質性文化遺產。這裏談到的文化遺產，是指今天仍見在的文化遺產，需要政府部門進行頂層設計，整合人力、物力資源進行全面普查。這是一項非常浩大的文化建設工程，涉及人的生存發展所旁及的一切方面，即留下甚麽就調研甚麽，並搜集、記錄、闡釋甚麽，最終以文字或圖片的形式將其固定下來，從而成為本土文化傳承後世的文獻源。地域文化研究的另一項基礎性研究工作，是要弄清中外各類文獻（主要是指歷史時期的文獻遺存）中究竟有哪些關於今日湛江政區範圍内的各方面文獻記載與文字呈現，並將其中所有相關文獻全部編輯出來，這就是湛江地方文化研究的文獻集成工作，進而利用現代技術手段將集成性湛江歷史文獻數字化，建立湛江地域文化研究文獻資料庫，為未來湛江地域文化的綜合研究提供第一手資料。

由以上表述可知，湛江地域文化研究的步驟是由基礎性研究到闡釋性研究、傳承性研究、應用轉化性研究層遞推進的。基礎性研究為後續研究提供第一手可信度強的文獻資源；闡釋性研究是對個體文化形態的認知研究；傳承性研究是對優秀的物質性和非物質性文化遺產的生態保護和傳承，使之血脈不斷；應用轉化性研究是在客觀認知和呈現文化遺產的前提下，進行基於個體文化遺產的現代創新和轉化研究，即歷史文化遺產的市場化運作，進入文化產業發展層面。

湛江地域文化的基礎性研究，包括『湛江地域文化研究文獻集成與數字化』（湛江歷史文化研究文獻集成）和『湛江歷史文化遺產普查與數字化』兩大工程。粤西府縣舊志整理屬湛江地域歷史文化研究文獻集成的重要内容，也是最主要的部分。

三、舊志整理與區域文化研究的學科歸屬

區域歷史文化元素的發掘、整理、研究與傳承，前提是必須摸清特定區域內的歷史遺存，由歷史存在文化元素所屬的門類，結合現代學術研究的學科分類，提煉歸納出一個地方歷史文化研究方向。在物質性的歷史文化遺產中，紙質文獻相對是最豐富的，也是區域歷史文化研究最重要的依據。紙質文獻包括歷代地方舊志、方志以外歷代本土與外來人士的本土書寫、歷代地方譜類文獻、歷代地方碑刻、歷代正史及地理總志的本土史事人物載錄等。其中，歷代地方舊志能相對最全面、最集中、最細緻地呈現一地經濟社會發展狀況。故地方歷史文化研究理應從方志整理做起。

就今湛江政區而言，其涉及的府縣舊志，雷州府所屬《雷州府志》三部、《海康縣志》三部、《遂溪縣志》兩部、《徐聞縣志》三部，高州府所屬《高州府志》五部、《吳川縣志》六部、《石城縣志》六部。雷州府部全部十一種及高州府部吳川、石城二縣十二種，是湛江本土府縣舊志，高州府部中的五種《高州府志》載錄了吳川、石城史事，以上總計二十八種，是湛江歷史文化研究資料的直接來源。另外高州府所屬《茂名縣志》四部、《電白縣志》五部、《信宜縣志》四部、《化州志》五部，總十八種，是湛江歷史文化輻射最近區域遺存的志書。

今收編粵西高、雷二府舊志的大型叢書主要有三種：一是上海書店等三家出版社合作出版的《中國

地方志集成·廣東府縣志輯》；二是臺灣成文出版社所出《中國方志叢書》；三是嶺南美術出版社出版的《廣東歷代方志集成》。前二者體例相像，於每一府縣僅收編一種志書。如成文版《中國方志叢書》收編《萬曆雷州府志》《萬曆高州府志》《光緒吴川縣志》《民國石城縣志》《宣統徐聞縣志》《道光遂溪縣志》《康熙二十六年海康縣志》，大致均為一府一縣歷代志書中較有代表性或較為完善的一種。惟《廣東歷代方志集成》不擇巨細，收錄一府一縣傳世所有舊志，為舊志校勘和研究提供了極大的方便。以往湛江本土舊志整理已有部分成果，主要有劉世傑、彭潔瑩點校《萬曆雷州府志》，蔡平點校《道光遂溪縣志》，廉江市地方志辦公室點校《民國石城縣志》，廉江市志編纂委員會辦公室點校《光緒石城縣志》。上述數種舊志整理本，啓動整理方考慮到普及和方便使用，均採取簡體横排形式。『粤西府縣舊志叢書』的整理編輯工作，對所有高、雷二府遺存府縣舊志進行全面整理，包括之前已經整理出版的部分舊志，採用繁體竪排形式，以更貼近古籍原貌。

提及地方歷史文化研究，人們想到的往往是一地之風俗、人物、民間藝術、獨特的景觀等，故常見的地方歷史文化研究成果大都呈現為幾個人物、幾種民俗、幾類藝術形式、幾處文化景觀的學術書寫或文化書寫。實際上，這與地方歷史文化元素發掘研究的要求是存在很大距離的。一地的歷史文化構成究竟有甚麽，在哪里，如何表述，最可靠的依據就是文獻的載錄。地方舊志是一地過去時代經濟社會發展狀況的真實記錄，是百科全書式的，它可成為地方歷史文化研究學科體系建構的重要依據。古代地方政區建置主要基於人口數量的盈縮、人口的民族構成而變化，政區沿革與歸屬的變遷是區域歷史文化研究的首要問題，它是地域文化得以孕生發展的地理空間。與區域政區沿革相伴的，是這一特定地理空間中人們賴以生存的自然環境，它包括陸海格局、氣候狀況、山川分佈等。舊志中的《縣圖》《圖經》《沿革》《星野》《氣候》《風候》《潮汐》《山川》等屬此，歸於歷史地理學的研究範疇。特定地理空間的物產是人們賴以生存的物質資源，保持物產充足和可持續發展，又需要相應的水利設施、防災減災設施建設，這就是舊志中呈現的《土產》《井泉》《陂塘》《堤岸》《珠海》《貨物》等門的記述，為地方農業史研究的資料來源。一方水土、一方物產養育一方人，從而形成特定地域的習俗，體現在舊志中即《習尚》《言語》《居處》《節序》等，是民俗學研究的對象。在『普天之下莫非王土，率土之濱莫非王臣』的時代，王朝必設官以分理天下，舊志中的《秩官》詳盡地載錄了一地各級官府的職官設置，是制度史研究的內容。『為官一方，造福於民』，歷來是王朝對地方官員的勸勉，也是方正官員的夙願。於民造福之事，體現在各種與民生相關的舉措中，舊志中《城池》《公署》《亭館》《坊表》《驛鋪》《橋渡》《塔宇》等相當於今之市政建設之屬，歸於《建置》一門。地方官員履行安民職事的同時，還須大力發展地方經濟，並代為王朝抽取，上繳賦稅，《戶役》或《食貨》揭示的是稅制問題，當為地方經濟史內容。經濟發展了，百姓安居樂業了，又需要對其施以教育，於是學校之建是必不可少的。舊志中的《學校》提供的是古代一地的教育史料。為確保一方平安，軍事防禦是必須的。粵西背山面海，既要防山賊，又須禦海寇，《兵防》門提供的是古代的軍事史料。舊志中佔很大篇幅的是人物，具體分為《名宦》《流寓》《鄉賢》《勳烈》《貞女》等，是一地人物研究的重要文獻。《藝文》通常居舊志文本之末，為本土或異地官宦、文士、鄉賢等對當地的詩文書寫，既是開發地方旅遊資源的重要文獻依據，更是書寫一地文學史的重要研究文本。仍有《古蹟》《寺觀》《名僧》《壇廟》等，反映了一地的民間信仰和宗教信仰，是地方宗教等問題研究的基本材料。

四、粵西府縣舊志整理的路徑

粵西高、雷二府舊志整理工作分為兩個階段：

第一階段是將四十六種府縣舊志中凡具備整理條件的全部整理出來，作為『粵西府縣舊志叢書』的構成；第二階段是以整理本為基礎，將其中史料按現代學科視角分門別類，進行分類資料彙編。

本叢書編訂屬方志文獻的集成性工作，是分類資料彙編和地方文獻資料庫建設的基礎，故對整理對象不分內容粗細、篇幅大小、前後承襲狀況，均加以整理。整理方式為只分段、斷句、標點，而不校勘，文字忠實於底本，對底本明顯錯漏之處，一仍其舊，並以頁下注形式標示。舊志的斷句、標點工作，先雷州府部，後高州府部，先今湛江政區所屬各地舊志，後今茂名政區所屬各地舊志。

各舊志體例大同小異，名目不同，內容相類。各卷次排列及其所屬各門順序，始於《輿圖》，終於《藝文》。這一體制特點為舊志文獻的分類彙編提供了方便。同一府、縣不同時期舊志，後代志書對於前代志書內容多為承襲，補入前代志書所未涉及時間斷限中的史料。有的舊志編纂向後延伸到民國，有的只是至清代的某一個時期，如《石城縣志》和《海康縣志》都延及民國，而《遂溪縣志》僅修至清道光朝。舊志修纂和傳世狀況直接決定了府、縣史料的系統與否。資料的分類彙編，是將府、縣舊志中某一類型文獻編輯成卷，如《湛江舊志教育史料彙編》《湛江舊志海洋史料彙編》《湛江舊志文學史料彙編》《湛江舊志民俗史料彙編》等，以此作為地方歷史文化研究的課題選項和深層研究的依據。

本叢書的整理出版，得到湛江市文廣新局、廣東海洋大學科技處的大力支持，雷州市地方志辦公室、遂溪縣地方志辦公室在文獻資料上的支持也保證了整理工作的順利展開，出版方暨南大學出版社將本叢書列入其重點出版項目，亦是對整理工作的極大鼓勵。各舊志整理工作主要由廣東省雷州文化研究基地人員承擔，在先期文字錄入過程中得到廣東海洋大學文學與新聞傳播學院的學生幫助，在後期定稿時的技術處理上得到不少有關專家的指導，在此一併致以謝意。限於各種因素，雖然我們堅持以嚴謹審慎的態度對待舊志文本，並盡最大可能避免錯漏和斷句、標點問題，但仍然會存在這樣或那樣的不盡如人意之處，敬希讀者不吝指教，以便日後完善補正。

蔡平

二〇一八年九月

『粵西府縣舊志叢書』凡例

一、今粵西湛江、茂名二市政區所轄，自古代至一九四九年前編纂之府志、縣志之刊刻本、鈔本等，均為本叢書整理出版對象。一地而成於不同歷史時期之舊志，盡予收錄，以明當地之沿革變遷與志書承續之脈絡。

二、所錄志書不論容量大小，均按府、縣傳世志書獨立分卷。

三、各志書整理，概以尊重原著、保持原貌為原則；原書之題記、序跋、圖版、註釋、引文等，悉予保留；不得不刪減之重複者，保留原目，以明全貌；原書字蹟漫漶，缺損嚴重者，據本地其他志書同類內容補入，以求完備。

四、部分舊志目錄與正文有異，均按正文釐定。圖版按原書所在位置排列，不作另行調整。

五、整理者按現行現代漢語規範對原書文字進行標點，一般不分段，原則上不作校勘，不出校記。原文明顯錯訛者保持原貌，以頁下注形式予以說明。原文使用的避諱字或缺筆字徑改，異體字一般不改，俗字均改為通行的繁體字。

六、各書有版本不同者，均以工作底本為基準作文字對勘；遇有內容較大差異者，擇其要者於『前言』中交代。

七、標點者所撰『前言』，主要交代編修者、修纂過程、内容、該書重要價值、整理工作情況，以及其他必要的説明等。

八、叢書採用繁體字竪排，原書用於敬稱、謙稱時之特定格式，均予取消。

九、各舊志原書在序跋、凡例、目録等的順序上多有不同，本叢書均釐為統一格式。

十、各舊志整理本目録包括兩部分：一是叢書總序、叢書凡例、整理者前言；二是原書各構成要素。原書目録融入整理本目録中，不再重複。

前言

今遂溪縣，古稱越地，始皇平百越，始置嶺南三郡，而遂溪屬象郡。漢武帝元鼎六年，平尉佗南越國，於嶺南分置南海、蒼梧、合浦、鬱林、珠崖、儋耳、交趾、九真、日南九郡，遂溪縣地屬合浦郡徐聞縣。東吳黄武五年，孫權以南海、蒼梧、鬱林三郡立廣州，以交趾、日南、九真、合浦四郡為交州。晉平吴後，交州統七郡五十三縣，徐聞縣為交州所統合浦郡所屬五縣之一。劉宋泰始間，西江都護陳伯紹啓立越州，元徽二年以陳伯紹為越州刺史。越州領二十郡，合浦郡為其屬。劉宋越州合浦郡領九縣，徐聞縣居其一。自漢至南朝宋，除吴時隨徐聞縣一度屬珠崖郡外，遂溪縣地統屬合浦郡徐聞縣大致相沿。胡阿祥《中國行政區劃通史·三國兩晉南朝卷》謂：『宋末越州合浦郡領縣七，齊省朱官縣，永明八年前增置朱豐、宋豐、宋廣三縣，《南齊志》乃領縣九。』《南齊書》是現存關於南齊最早的一部史書，大約成於梁武帝天監年間，距離齊梁嬗代為時不久，其史載是可信的。然而，其《州郡志》中所載越州合浦郡下九縣中並無扇沙、鐵杷、椹、椹川等縣名。此四縣名最早均出於《隋書·地理志》『合浦郡』條。其曰：『合浦郡，統縣十一，户二萬八千六百九十。合浦，南昌，北流，封山，定川，龍蘇，海康，抱成，隋康，扇沙（舊有椹縣，開皇十八年改為椹川，大業初廢入），鐵杷（開皇十年置）。』

椹縣：梁置，屬合浦郡。經陳至隋，延至開皇十七年。至開皇十八年改為椹川縣，仍屬合州，大業初併入扇沙縣。

椹川縣：舊為椹縣，隋開皇十八年改為椹川縣，大業初廢入扇沙縣。

扇沙縣：梁置，屬合浦郡，隋屬合州。唐武德元年，隸南合州。武德四年，移治故椹川城（今廣東遂溪縣烏塘鎮椹川村），改為椹川縣，以隋舊縣為名。貞觀元年，隸東合州。貞觀八年，隸雷州。天寶元年，省入遂溪縣。

鐵杷縣：隋開皇十年置。時並有椹縣、扇沙縣，均屬今遂溪縣地。唐武德元年，隸南合州。貞觀元年，隸東合州。貞觀八年，隸雷州。天寶元年，隸海康郡，改為遂溪縣，以『溪水合流，民遂利之』為名，省椹川縣來屬。乾元元年，復隸雷州。

由上可知，遂溪縣之名始於唐天寶元年，由鐵杷縣改為遂溪縣。同年，省椹川縣入遂溪縣。椹縣、椹川縣、扇沙縣之沿革及其關係，經歷了由椹縣（開皇十八年改為椹川縣）至椹川縣，再由椹川縣至扇沙縣（隋大業初椹川縣廢入扇沙縣），又由扇沙縣復改椹川縣（唐武德四年移治故椹川城而改回椹川縣），至天寶元年鐵杷縣改為遂溪縣時省入遂溪縣的歷程。今遂溪縣地的四個舊名中，以椹縣、扇沙縣為最早，均起於梁代，椹川縣名為椹縣名所改成，以鐵杷縣名出現時代最晚。天寶元年稱遂溪縣名之前，今遂溪縣地自梁代已有縣級建置，分別為椹縣（椹川縣）、扇沙縣、鐵杷縣，其於不同時代分分合合，至天寶元年始定於遂溪縣名。

有論者稱遂溪縣得名前之縣級建置，當始於南齊時期，其依據當為《舊唐書·地理志》《太平寰宇記》等文獻。《舊唐書·地理四》：「遂溪，舊齊鐵杷、椹川二縣，後廢，改為遂溪也。」《太平寰宇記》「嶺南道」條曰：「廢遂溪縣，在州北九十里。舊齊鐵杷、椹川二縣，後廢，改為遂溪縣。」顯然，《太平寰宇記》乃沿《舊唐書·地理志》之說。然《新唐書·地理志》僅稱「遂溪，本鐵杷、椹川二縣，後並省，更名」，並未提及鐵杷、椹川二縣建置的時代。《南齊書·州郡志》「合浦郡」條下九郡中未有鐵杷、椹川之名，據胡阿祥《中國行政區劃通史·三國兩晉南朝卷》所考，至梁代方有「椹」「扇沙」之縣名。故遂溪縣之歷史建置當以起於梁代為確。

清代是我國古代修志大盛的時期，各省、府、州、廳、縣都設立志館或志局，延請碩學鴻儒和地方紳士參加編修，總成官修和私撰省、府、縣志書四千八百八十九種。康熙四年，詔令徵集志書、文集，供編修《明史》之用。十一年，保和殿大學士衛周祚上奏朝廷，要求各省聘集宿儒名賢修纂通志，載「天下形勢、戶口丁徭、地畝錢糧、風俗人物、疆圉險要」等事，以備《大清一統志》採用。康熙採納了衛氏之建議，「令天下郡縣分輯志書」，並將賈漢復纂修《順治河南通志》「頒諸天下為式」。金光祖《廣東通志》三十卷，即為應此詔而成。二十二年，清廷再命禮部檄催天下，使省通志三月內成書。二十四年，詔令編修《一統志》。在地方，各級官員躬親編修，以致康熙一朝共計修成志書一千三百五十四種，成為有清一代修志最盛的時期。其間，廣東修成志書一百一十四種。

康熙之初，玄燁「逾淮涉江，觀風問俗」，足跡所達範圍之廣，為歷朝帝王所不多見。清代至康熙時疆域之廣大，亦為前朝所不及，帝王的巡幸總是有限度的，對於『遐谷窮簷』之地的山川、地里、風俗、建置、賦役、宦蹟等，君主對其的瞭解，除憑藉勤於政務的地方官員上呈之理政奏章外，仍需依靠可以通覽全國的總志。廣東地處邊徼，海岸線漫長，於朝廷而言，既涉及內部的邊地穩固，又有海疆的兵防之要，志之編纂相對內地為尤重。康熙朝的厲行修志，客觀上成就了當時廣東文獻的洋洋大觀。據李默《廣東方志要錄》，幾乎今廣東的每一府縣均有成於康熙前期的志書。僅就今湛江五縣市言，徐聞有修成於康熙二十六年的《徐聞縣志》（不分卷），海康有修成於康熙二十六年的《海康縣志》三卷，遂溪有修成於康熙二十六年的《遂溪縣志》四卷，吳川有康熙十二年增訂康熙八年黄若香修《吳川縣志》四卷，石城（今廉江）有康熙十一年李琰增訂康熙六年梁之棟修《石城縣志》十一卷。《一統志》之修，起於康熙二十五年。《清史稿》卷七《聖祖本紀二》：『二十五年三月己未，命纂修《一統志》。』至此，朝廷徵集各省、府、縣志書並未完結，部分志書在《一統志》編修之時仍在修纂，然該志於康熙六十一年玄燁去世時仍未修成。從《一統志》修纂自身看，主要是因為工程浩大，地圖的繪製、資料的收集，均非朝夕之功可以成就。此舉卻在很大程度上於舉國之内啓動了廢墜舊志的整理續補及填補一地舊志修纂之空白，客觀上成為古代文獻編纂方志門中的一大盛事。《康熙遂溪縣志》的創修，便是直接得力於此。邑人洪泮洙《新修遂溪縣志跋》云：『歲在丁卯春，聖天子丕敷聲教，特諭儀部通行直省，修舉志書，俾郡縣各為分輯，勿令闕漏。』

康熙之前，遂溪無縣志之修，故遂溪邑人洪泮洙《新修遂溪縣志跋》有『縣志從未舉行，故遂之地之人之事，僅識其畧，槩未悉其周詳，不無九閽萬里之恨矣』的感歎。此番修志實是首創。宋國用於康熙二十二年知遂溪縣事之初，即欲續編縣志，《新修遂溪縣志敘》稱其『叨牧斯土，有意續貂』。所謂『續貂』，並非指此前縣志之修，而是指續『前簡』所載録的遂溪『形勢程途』，以及府志所記本縣丁傜賦稅、城市署宫、文績武防、風謡習尚等。只因其莅任之初，官府簿書叢雜，政事纏身，而未能付諸實施。至康熙二十四年之初，方開館會輯，歷時三旬（三年）而告成，即成於康熙二十六年，並於當年季春之月作序。編修過程嚴謹而客觀。《敘》曰：『予奉行唯謹，廣集外翰紳衿，開館會輯，且遴耆儒名髦，朝夕校讎。府志所偶誤者，親為釐正；時事所應入者，互相訂確，不敢稍為假借。越三旬而告成。』洪泮洙《跋》亦云：『綱舉目張，録近及遠，無摭華而失實，無舉一而廢百。』參與修纂者除知縣宋國用外，仍有洪泮洙及陳、莫兩先生，並邑之諸生。

清初史學大師顧炎武在其《營平二州史事序》中言及修志問題時主張：一是必其人有學識；二要廣泛網羅書志；三要身歷其境，覆按得實；四要假以時日，不可率略從事；五要文字明悉，力戒晦澀。《廣東歷代方志集成·雷州府部六·康熙遂溪縣志》據《故宫珍本叢刊》影印，序其修纂者謂『宋國用修，洪泮洙纂』。論學識，宋國用為監生，洪泮洙稱其『學博』。洪泮洙則是順治戊戌進士，『性嗜學，解組後猶手不釋書』。二者均可稱飽讀詩書之人，又有『外翰紳衿』『耆儒名髦』之贊。衆人『協力博採，彙成篇帙』，『朝夕校讎』。因宋國用等修志之前，遂溪文獻缺乏，更無舊志可以搜羅，所可依憑者僅為府志。今傳世康熙二十四年前府志為《萬曆雷州府志》和《康熙雷州府志》，《遂志》對於此前材料的採集，唯二府志而已。『府志所偶誤者，親為釐正。』作為滿洲正白旗人的宋國用，要釐正府志之誤，確是需要假以時日的。自《康熙遂溪縣志》內容看，自康熙二十年到任，至二十六年修成志書，宋國用所創立、修建、經理者，幾乎遍及縣志各門，經營一縣官府及民生事宜的過程，自是包含了尋訪了解前事舊聞的工作。故對於府志，他能知其誤而正其誤。縣志之修成，猶有一個更為有利的因素，即親手纂成者洪泮洙是邑人，《道光遂溪縣志》卷七《宦蹟》謂其『舊郡縣志皆其手纂也』，更可以其對本縣的熟知而免除舛誤。『時事所應入者，互相訂確』。對於前府志未及書錄的時事，是修志所必須涉及的，即有古有今，原則是詳今而略古。因此，每一時代所修志書都可稱為『續修』，續修內容即包含了『時事』部分。《康熙遂溪縣志》之修，是通過『開館』方式組織實施的，所有參與人員進行分工協作，各人採集的時事並非直接寫入志內，而是彼此校閱訂補，正避免了『率略從事』的傾向。無論是採摭前志所書，還是續補前志未及書錄的時事，都存在哪些是『應入』、哪些不應入的選擇問題。對此，宋國用《新修遂溪縣志敘》云：『兵農禮樂，非關軍國者不書；峙蓄災祥，非干民社者不書。至於節義勳華激揚人物，唯係一邑事蹟確有表見者，方可大書特書。而浮詞摭言，毋得參預於其間焉。』

《康熙遂溪縣志》從體例上看乃採用『門目體』。全志以元、貞、利、亨分為四卷十八門，門下列若干目。

卷一：《輿圖志》：縣圖、圖經、沿革、事紀；《星候志》：星野、氣候、風候、潮汐附；《地里志》：形勢、里至、山川、井泉、陂塘、珠海、土產、貨物、鄉都、墟市；《民俗志》：習尚、言語、居處、節序。

卷二：《建置志》：城池、公署、亭館、坊表、鋪遞、橋渡、堤岸；《戶役志》：戶口、田賦、均平、雜役、驛傳、鹽課、魚課、山坡、牛稅、南工匠、經紀；《學校志》：縣學、祭器、學田、義學、書院；《秩祀志》：廟、祠、閣、壇。

卷三：《秩官志》：縣、教職、雜職；《名宦志》：崇祀、列傳、附流寓；《兵防志》：營署、營制、臺墩、哨船、武鎮、哨堡；《屯田志》：軍官、衛所；《勳烈志》：文勳、武烈。

卷四：《選舉志》：科目、薦辟、恩選、歲貢、例監、掾史、恩封、武舉；《鄉賢志》：崇祀、列傳；《貞女志》；《藝文志》：敕誥、疏、記、序文、碑詞、詩；《外志》：寺觀、古蹟、名僧、邱墓。

總體上，《康熙遂溪縣志》對舊志的去取，考訂補正了府志中政體、風教的內容，對遺事、遺文仍付闕如。在具體各門內容的措置上，「輿圖」仍沿舊志規制，又依時事變遷，或增置新目，或加詳備。「分野」以正疆域，康熙初遷界，二十三年展界，志中縣之界邊亦隨之盈縮有變。亭館、坊鋪、橋渡等「建置」之項，或依舊式而重建，或行裁撤，均一一條分表明。「賦役」者，為錢穀之事，事關民生之要，本有定額，因遷界、展界而有變化，皆詳盡書之以防虛冒。「學校」為一邑首善之地，是尊崇聖人、儲備人才的場所，亦是縣志呈大篇幅的部分，其中縣學之修建、學田之開創、祭祀之設置，皆列為重要內容。「職官」為一縣治理而設，所列名目不分地位尊卑，不分官階大小。「名宦」「流寓」實為人物小傳，所列人物僅取離任的賢者，而不錄在任的賢者。遂溪「兵防」舊有定額，現依新設和裁撤情況應時而變。

『選舉』『鄉賢』亦為人物小傳，對於已經故去的入選者均為『才德學行合公議』，對於在任者只書其履歷而不加褒貶之詞。『藝文』一門所採入的對象，都是相關本縣的詩文。無論是否邑人，其無關本縣人事、風物的作品不予入編。

蔡　平

二〇一八年八月

目錄

遂溪縣志卷之四　貞集

新修遂溪縣志敘

夫志甚難言矣。兵農禮樂，非關軍國者不書，峙蓄災祥，非干民社者不書。至於節義勳華激揚人物，唯係一邑事蹟確有表見者，方可大書特書。而浮詞摭言，毋得參預於其間焉。然而豕亥莫分，根銀失實，則鄰於誤謬；揄揚太過，傳信不眞，則近於虚誕；俚語褻辭，鄙陋寡文，同於稗乘野史矣。牢騷感慨，粉飾過華，等於釐祝佞諛矣。是志之難，而修之者更難也。遂邑山陬海澨，歷來無志，其間形勢程途備編前簡。而丁徭賦税之盈虚，城市署宫之沿革，文績武防之損益，風謡習尚之盛衰，統入府志，每多闕畧不詳。予叨牧斯土，有意續貂，而簿書日雜，未暇從事於筆硯，歉焉久之。

今天子昭宣德化，無遠弗届，海外之版圖盡隸柱藏，且復巡幸東郊，逾淮涉江，觀風問俗，莫不明目達聰，猶虞遐谷窮簷，疾苦不得上聞。爰命太史輯修通志，以備御覽。堯舜不遑之念，洵無踰是。各上憲以府志多佚，未可入告，我后遂以縣志檄修焉。予奉行唯謹，廣集外翰紳衿，開館會輯，且遴耆儒名髦，朝夕校讎。府志所偶誤者，親爲釐正；時事所應入者，互相訂確，不敢稍爲假借。越三旬而告成，藉以獻諸輶使，或得寬面牆之譏，則幸矣。爰爲之序。康熙二十六年，歲在丁卯，季春之月，遂溪縣知縣東魯宋國用撰。

遂溪縣志凡例

一舊志去取，詳畧不同。今考其關於政體風教者補正之，遺事遺文尚闕焉，以傳疑也。

一郡志，分部區品，原例爲十卷，今新集遂志而以元亨利貞編之。一，元集：輿圖、星候、地里、民俗；二，亨集：建置、戶役、學校、秩祀；三，利集：秩官、名宦、兵防、屯田、勳烈；四，貞集：選舉、鄉賢、貞女、藝文、外志。庶條列不紊，而便於觀覽矣。

一輿圖，無改，而創置以時。順治丁亥後，沿革多端，事紀不一，視舊又加詳焉。

一星野，原有定位。風候隨時而轉地里民俗。康熙甲辰遷海，有昔入版宇，今爲曠土者。有昔爲儉樸，今爲囂訐者，約紀之以備覽。

一建置，郡之大事。雷自兵燹以來，舊署亭館，半屬邱墟；坊鋪橋渡，久爲荒廢。今當建復之始，或依原設，或就裁汰，悉志之以垂後。

一賦役，原有定額。鼎革之後，雷民流亡，十僅一二，加以遷界，凋散益甚，其賦稅舊例分數。及康熙己酉年展界之後，復業開墾分數，備載之，以示無遺。

一學校，爲首善之地。建學、創田、設祭，所以尊聖人而儲人才也。秩祀以迓神靈，故並紀之。

一職官，分鎮爲治民而設，尊卑不遺，大小畢具，使人知所統，使人知所敬也。

一名宦、流寓，不分崇卑。賢而去任，功德在人心者傳之。見任雖賢者不傳，嫌於諛也。去任雖不賢不書，存厚道也。

一兵防，以衛民也。舊制兵有定額，今則郡城設立協鎮，遂、徐添設城守及各營寨汛兵，視舊加倍焉。

一選舉、人物，是宜顯微兼志，故既往者才德學行果合公議，皆有定論，始敢爲之作傳。見任與致仕者，止詳履歷，不敢贊一詞，以嚴信史。其節烈會結勘申請已經旌表者無論矣。至芳規未顯據者，不得濫及焉。

一藝文，爲國之華然。有關郡邑者，方敢採入。至於古蹟、外志，亦博物祈年者所不廢，因得備載。

邑人洪泮洙志。

遂溪縣志卷之一　元集

輿圖志

縣圖　圖經　沿革　事紀

語曰：不出戶，見天下，非馳思之謂也。古者版籍藏諸王府，故蕭何收秦圖書以知天下阨塞，馬援聚米爲谷而隴在目中。夫閱險易、按封域，豈不以圖哉？雷之爲縣三，遂居雷上遊，延袤數百里。其間戶口產殖之多寡，關梁之險易，風俗之淳漓，文物之盛衰，可按圖而考也。作輿圖志。

縣城

縣項嶺

霞王山

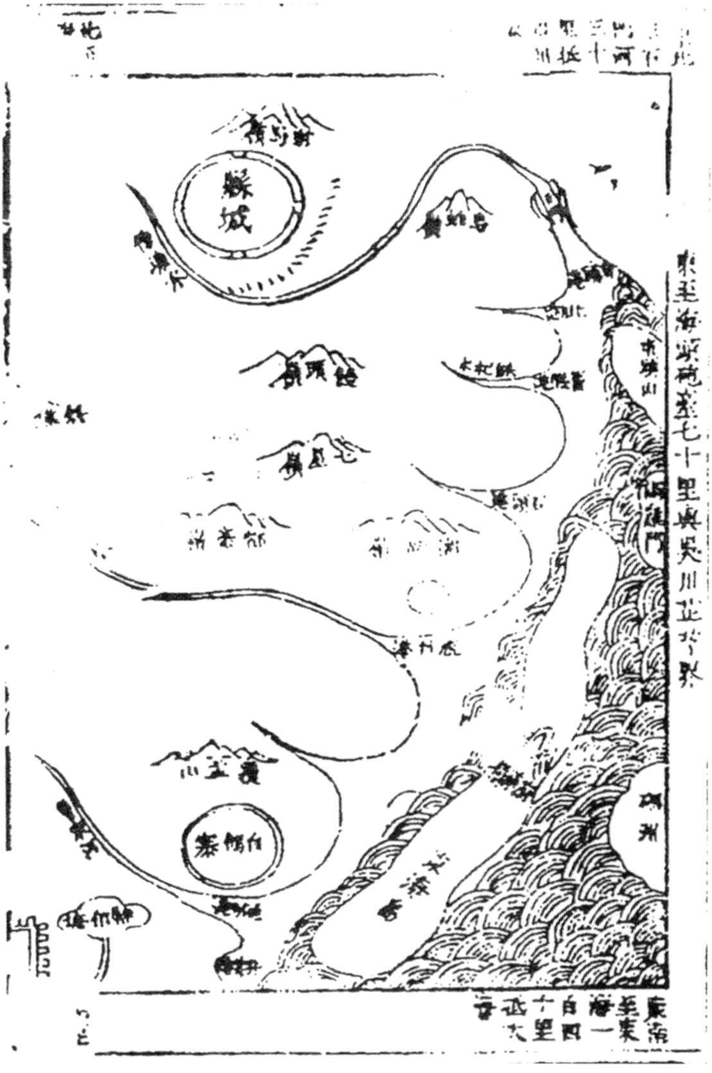

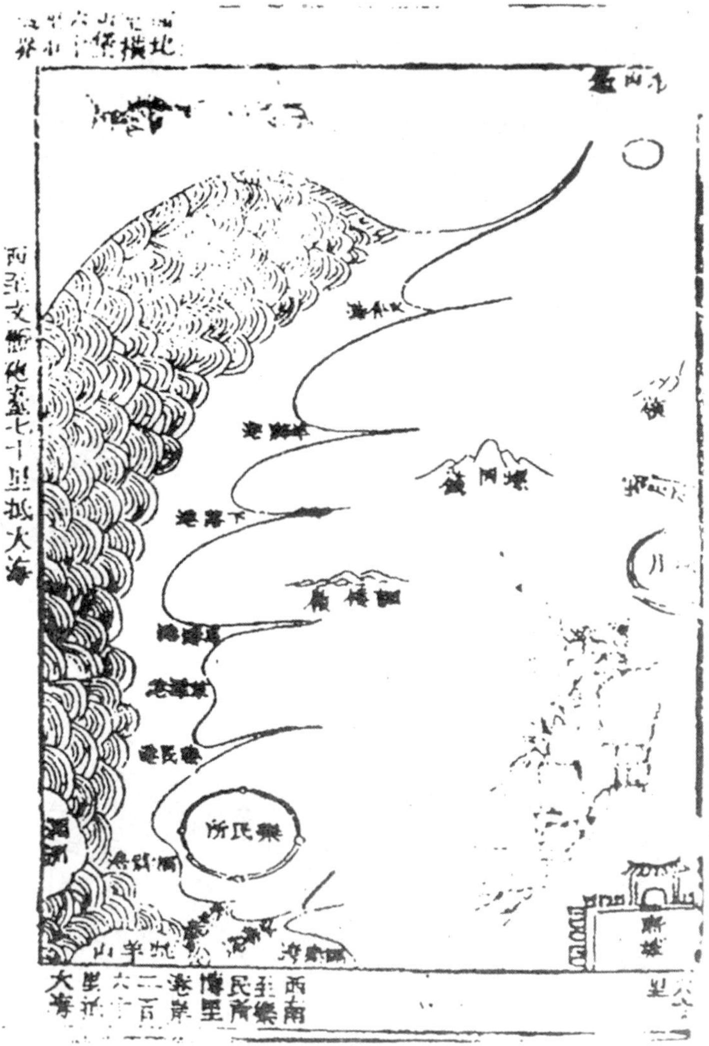
樂民所
西南至樂民所
二百六十里抵大海
七十里抵大海

圖經

遂溪縣輿圖，北自石城之清音鋪，南至府城北門内，計程一百九十里。東西皆大海，横亘一百四十里。東北以吴川之石門河爲界，計程三十里。西南至樂民所博里港，計程二百六十里。大路由城月以達府城。

沿革

縣本漢合浦郡徐聞縣地，隋分爲湛川、鐵杷二縣，屬合州。尋改湛川，入扇沙。天寶初，置遂溪縣，屬雷州。宋開寶初，併入海康。紹興中，復置。元明仍舊，國朝因之。

謹按：縣東海地，其地脈自舊縣水中生過，寬肆拾里，長陸柒拾里，直包出白鴿寨之外，與雷州之時禮嶺相望，爲雷州之左臂。舊有五圖居民，糧米貳千石，饒魚鹽之利。遂溪鹽課多出於此。原夫吴川、遂溪縣之水，自東海山入海，而東海地亘其外，東與吴川之芷芋、硇洲相峙爲門戶，西與雷州之錦囊相峙爲門戶。吴川地形如帶，長出海中，東望大洋拍天，海砂擊浪，舟近則碎，必灣道自芷芋口入。而芷芋口砂角交牙，非大潮亦不敢入。稍久，潮落則擱此。吴川雖迫海而無寇患者，爲此故也。東海一片地，橫亘數十里，海外風濤豗擊，舟亦無敢近者。故海州之自瓊達廣者，皆外從大洋，惟六櫓四櫓必灣道自錦囊、海門，乃得入雷州。則雷州所恃爲左臂外藩者，實東海一片地也。東海既復，藩屏已固，戶口、財賦、生聚殷繁，小醜不敢爲患，遂邑可無南顧之憂矣。洪泮洙記。

事紀

國有大事，則特書之史，所以垂今示後，昭勸戒，志不忘也。遂隸於雷，有事則郡志得而載之，遂可不贅然。居今稽古，欲以徵往事之得失，備後世之參考。則一縣之興建廢置、源流本末，雖微不可以弗著也，故編其年月，彙而掇之云。

秦始皇三十三年，遣任囂、趙佗擊南越，平之，置桂林、南海、象郡。雷州時爲象郡地。

漢高帝元年冬十一月，故秦龍川令趙佗自立爲南越武王。佗先行南海尉事，尋擊併桂林、象郡而自立。

十一年夏五月，遣陸賈封佗爲南越王。

文帝元年，遣大中大夫陸賈諭南越，佗稱臣奉貢。

武帝元鼎六年冬十月，遣伏波將軍路博德、樓船將軍楊僕討平南越，置嶺外七郡。南康〔二〕、蒼梧、鬱林、

〔二〕康，當作「海」。

合浦、交趾、九真、日南。

東漢建武二十六年，交趾女子徵側、徵貳反，遣伏波將軍馬援平之，畧地至雷。

元初三年，蒼梧、合浦蠻反，遣侍御史任逴督州郡兵討降之。

梁大通中，分徐康縣置合州。尋改南合州。析其地置模薄、羅阿、雷川、湛縣，並屬南合州。湛縣，即遂溪也。

隋開皇十年，復置海康、鐵杷二縣，屬南合州。大業初，廢合州，仍屬合浦郡。

唐武德五年，高州總管馮盎以地降，拜盎子智彧東合州刺史。郡南合地，盎於三年擊新興賊冼寶，繳擒之，遂有番南珠崖地，自號總管。

武德中，分合浦郡置合浦州，隸以海康、隋康、鐵杷、扇沙四縣。鐵杷即遂溪也，址在今舊縣。

貞觀八年，改東合州爲雷州。

天寶元載，改雷州爲海康郡。

至德二年，復爲雷州，領海康、遂溪、徐聞三縣。

梁開平三年，以清海節度使劉隱爲南海王，改國號曰漢。隱盡有嶺南之地，雷屬南漢。

宋開寶四年，遣桂州道行營都部署潘美平南漢，改雷州爲雷州軍。劉隱傳：孫鋹，遊幸無度，委政宦官，作燒煮剔剝刀山劍樹之刑，至是擊降之。嶺南悉平，以雷屬廣南西路，併遂溪入海康，以徐聞爲遞角場，尋復舊。

紹興二十六年，知雷州軍事何庾導塘渠灌東洋田。雷地病燥涸，庾築特侶、西湖二塘堤，通渠水以灌東洋田萬頃，民利賴之。

乾道六年，知雷州軍事戴之邵築長堤以捍潮。潮味鹹，溢則傷稼。舊堤久壞，至是大築之。

德祐元年，曾淵子開督府於雷。時宋祚已危，淵子位執政以逃，位削籍，尋領是職。

祥興元年，元將史格克雷州據之，曾淵子自雷奔赴行在。時宋帝舟泊硇洲，淵子爲元所襲，奔赴帝所，隨至崖州。

是年，太傅張世傑討雷不克，安撫使張應科死之。

元至元十五年，行中書省平章阿里海牙平海北，駐師於雷。

十八年，元改安撫司爲雷州路總管府。

至正十五年，土賊麥伏來、張子三等據遂溪、徐聞以叛。

十九年，化州路樞密院同僉羅福領兵擊麥伏來等，克之，雷州平。陞福宣慰司都元帥。

明洪武元年，命征南大將軍廖永忠平嶺南，羅福以全郡歸之，遣指揮張秉彝戍雷，改路爲府，領海康、遂溪、徐聞三縣。

二年，副將軍參政朱亮祖師次雷州。

二十七年，命安陸侯吳傑、都督馬鑑視雷要地，立樂民所。廣東指揮使花茂奏，沿海宜立所備海盜，故有是命。

是年，始命備倭。

永樂七年，颶風大作。時颶挾鹹潮泛濫至城，海堤潰，民溺死者甚衆，知府王敬捐俸恤之。

十四年，詔採珠。

成化元年，廣西猺賊胡公威反，流刼由遂溪至雷。是時，承平日久，民不知兵。賊至，俱奔入城，相持日久，城中疫起，十死六七，田野荒蕪，戶口頓減。

是年，總兵歐信師次于雷，與賊戰，敗績。

弘〔二〕治十二年，詔採珠。

十四年，瓊州黎賊符南蛇反，都御史潘蕃、總兵毛鋭討之，蕃税于雷。

正德五年，守珠池太監牛榮激變於雷。榮恃勢横暴，計家資取所入，地方苦之，故變。

九年，詔採珠於對樂池，無珠乃止。

十一年，賊刼遂溪縣。官民俱受擄，至海濱，乃放還。

是年，颶風害稼，民告災，乃減徵。

十四年，守珠池太監趙蘭激變於雷。蘭視牛榮尤横，戕殺良民陳應魁，誣奏知府王秉良，詔獄，故變。

嘉靖元年，罷採珠，詔内監還京師。先是，宣德間，命内史來守珠池。弘治間，初一採之，旋罷。至是，屢激民變，故御史陳實奏而罷之。

三年，地震。

二十年，瓊州崖黎反，都御史蔡經、總兵定遠侯柳珣征之，税於雷。

二十一年秋九月，颶風。廬舍、禾苗俱壞。

〔二〕原康熙二十六年刻本缺，此據前後文補入。

二十二年，雷民告饑，發賑之。

二十三年三月，雨雹。

二十七年，瓊州崖黎復反，都御史歐陽必、進總兵平江伯陳珪征之，税于雷。

秋九月，雨色綠。

是月，地震。

三十一年夏，鹹潮暴溢。

三十九年，詔採珠。次年，颶風。

四十三年，廣西流賊突至。

隆慶四年夏六月，颶風。

五年冬十二月晦，倭賊突掠雷西南郊。擄掠男婦，地方幾破。

萬曆二年秋，鹹潮湧浸。

五年甲子，署縣理刑陳王政補築東溪土隴。

六年秋，彗見西南方。尾散如帚，其長竟天，五十餘日方滅。

十五年，蝗殺稼。

十七年，颶風，水溢害稼。

十九年，颶風。

二十年春二月，地震。
二十三年，大旱，無禾稼。
二十四年，大旱，赤地千里。是歲，斗米二錢五分，民多茹樹皮延活，饑死者萬計。守道洪敷誥、知府伍士望捐俸賑之。
二十六年，詔採珠。
冬，地震。
二十九年春三月，倭賊自淡水登岸，據龍鬱村，尋討平之。村官兵進戰，多爲賊所傷。署參將臧國光退縮不出，知府葉修募兵防禦東山，參將鄧鍾督兵誅之，雷以寧。
三十一年，詔内監李敬採珠，加條鞭餉。
三十三年夏五月，地大震。
三十七年，召内監李敬還京師，罷採珠。
四十一年，崖州黎變，命將征之。師由遂次於雷。是年無功。
四十二年，命將再征崖黎，師由遂次於雷。
四十八年，詔增遼餉。
崇禎三年庚午，裁冗官。吏部題汰冗官，以舒國用。裁主簿一員，樂民倉大使一員，桐油驛驛丞一員，樂民所吏目一員。
五年四月，海賊劉香入寇東海白鴿寨，遂城戒嚴。總兵鄭芝龍遣將陳鵬來援，大破賊於北閘門，香遁去。
是年七月十四日，大水，及縣之儀門。

八年，都御史熊文燦檄五虎總兵鄭芝龍會剿海寇，斬香，餘黨悉平。

十年，增置營兵於淡水港。淡水港爲雷咽喉要地，知府朱敬衡詳兩院撥白鴿寨兵四十名及陸營兵建寨於此，委一衛弁統之。

國朝順治四年春二月，大兵至雷，明參將蔡奎率屬迎降，以副將汪宗宏同黃海如鎮之。未幾，黃海如叛。

冬十二月，黃海如圍雷，蔡奎應之，遂陷雷城。汪宗宏出走，黃海如據雷州。先是，九月，有明監軍古鼐、都督孫時顯帥狼兵由遂下雷，圍城不克，兵旋縱掠，遂溪大擾。海如通蔡奎內應攻雷城，陷之，遂據雷州，自稱宮保。雷人陳士陞、張彪爲之爪牙。富者破家，貧者斃命，旋爲閻可義所破，黃海如遁入海，爲風所覆。雷人始獲安生。

順治八年辛卯春正月，靖南王左翼總兵徐成功兵至石城，遂民降附，委知縣田含璞督徵糧餉。

夏五月，本縣土賊通僞賊李元超等陷遂溪，含璞奔石。

夏六月，郭馬陳三將由石率兵復遂。

秋七月，總兵徐成功由廉抵遂，全雷歸順。

秋九月，大水浸南城，大風海湧，風中有火，通邑田禾無收。

順治九年壬辰，靖南王統師至雷，擒僞高雷總鎮海康伯李明忠，斬之。雷人王之翰入山，不薙髮，征之，不能克。翰在北笋巢，翰弟之鑑在內港巢，左營陳傑在烏吗巢，右營黃占三在方家巢，王禮士梁州牧黃寬等各聚黨刧殺，占據西海一帶地方，垂五六年。

順治十年癸巳六月，僞漳平伯周金湯、東安伯熊兆佐陷遂溪。

秋九月，雷協將先啓玉率兵復之。

順治十一年甲午三月，明安西王李定國自廣西出石城，陷高州，雷協將先啓玉縱兵殺掠，叛降定國。后定國敗，啓玉復還，參議陳嘉善劾其罪，斬之。

冬十二月，平南、靖南兩王督軍大破李定國於新會，高雷廉復定。

順治十三年，巡按御史張純熙招撫西海王之翰出降，遣人賫戶口冊計五千四百餘，錄考生童達部送學。遂溪生童遭亂不與考者二十年，張院特恩錄考童生達部送學生員槩列三等，遂士多由此致身科貢。

順治十四年，豁荒稅。雷經兵火後，戶口寥寥，荒蕪遍地。知府陸彪聞之，撫院奏豁荒稅十之四五，由是民無賠累，官免參罰，流移之民漸歸業矣。

順治十六年，知縣馬光遠重建學宮。

順治十七年，改定《賦役全書》，裁巡按衙門。

是年，鄭昌縛賊王鑑請降。昌乃遂溪南昌村人，昔從王鑑爲盜，時副將江起龍會商，遂令馬光遠、城守守備喬文煥諭昌，昌縛鑑獻。

順治十八年，鄭昌復叛，總兵栗養志陣斬平之。

康熙元年壬寅，詔初遷海。內差科介二大人與平南王、兩廣督院李固山，命提督楊將軍至嶺，庾公沈與總兵栗養志□之。

秋八月，颶風大作。東洋田萬頃□□沒焉。

康熙二年，總兵栗養志督舟出海，搜剿楊二、楊三。師旋，駐海康所，擒黃占三，解之。占三跡雖投誠，陰謀囂詐，常與楊二、楊三交通，栗鎮擒之。

康熙三年，詔再遷海。移白鴿寨水師駐扎海安，嚴詰海禁。雷州東遷，自遂溪之石門至特侶塘，迄於徐聞之海安所。西遷，自遂溪之横山路達於徐聞，惟遂溪遷之太甚，僅存糧六百石。

是年，裁教諭一員、城月驛丞一員。

冬十一月，彗見東南。

是年，水賊黄明標寇西山。雷協合化石共七營討平之。同知沈鈖生招撫難民五千餘戶。

是年，巡撫王來任奏革各縣里長值月夫役。

康熙六年，奉旨裁海北守道理刑廳。

康熙八年，展界。先是，撫院王來任奏準，令民復業，以海爲界。是年春正月，欽差大人特等兼同督院周有德、固山尚之孝巡視展界，復海安水師於白鴿寨。

是年，設分守道駐高州，轄高雷廉三府并羅定州。

康熙九年初，築白鴿寨土城。

康熙十年，復水師哨船，分隸白鴿寨。

康熙十一年，知縣智如愚重修學宮明倫堂，開南門墟，建新鋪。

康熙十三年，設分巡道，轄雷廉二府。

康熙十四年夏六月，高州總兵祖澤清叛，雷協副將譚捷元、白鴿寨土官應之，全雷俱陷。縱兵刼掠居民，沿海村落寨兵屠刼尤劇。

康熙十六年夏五月，祖逆歸順。

康熙十七年春三月，祖逆復叛，額將軍率師平之。雷協副將譚捷元遁西山，尋歸投誠，病死。祖黨土賊楊二、梁羽鶴等阻雷南渡作亂，沿海刼掠。

是年秋七月，都統金榜選率師勦之。

康熙十九年夏六月，海寇謝昌、李積鳳巢於東頭山，與楊二合夥據東海作亂，擄掠男婦，雷郡大震。

康熙二十年春三月，水師總兵蔡璋、副將張瑜率舟師自海道大破賊於海門，追至龍門，盡破諸巢。楊二遁海，賊悉平。

是年，知縣朱光炳開縣北門，建真武廟，開北門墟。

康熙二十一年，復設儒學教諭。

康熙二十二年秋八月，督院吳□□、提督許□□按臨巡閱邊海。

康熙二十三年春正月，欽差杜、石二大人會同督院吳□□、撫院李□□巡海開禁，復東海地方。知縣宋國用捐給牛種，勸墾遷稅二百餘頃，詳捐渡船伍隻，以通東海。

先是，東海奉遷，民無恒業，或有一二步採魚蝦，時被守汛目兵百端勒索，遂迫控於監副程公，檄議以聞。宋邑侯上其畧曰：遂邑腹地大半山磽砂浮，唯東海一帶土厚地衍，魚鹽鱗集，誠一邑之沃壤也。遷界以來，遂爲棄土，毋論界外東海不敢越津飛渡，即已展之界内，猶恐巡邏謹密，誤罹法網。樵牧者束手，之種者裹足。而沿海竈丁無敢盧舍聚居，間有耕曬，勢必朝去夕還，以致風雨飄蕩。即有内港煎捕，悉畏防弁搜求，小民有望洋之歎，客人多採風之懼，是東海未復之不便於民者也。東海横亘數十里外洋，石峭濤洶，舟莫敢近，且上有芷艼、硇洲相峙門戶，下與錦囊聯爲聲援，洵爲雷郡之左臂外藩也。今白鴿寨雖設水師，新復哨船，而對面空虚，不敢出汛巡查，保無有奸宄伏莽巢穴，其土豈非棄地以資盜糧乎。況大洋飛艅，往來無定，及至申請策應，而賊船已經遠遁，是未獲剿賊之功，先受安報之罪，是兵之困於東海未復者此也。若今復還故土，則飛鴻來集，魚鹽之利，懋遷化居，而兵聲遠震，似有犄角相援之勢矣。監司深然之。未幾而奉展開禁，將來東海漸爲樂土，林總日見。予於此議，不無三致意焉。洪泮洙志。

是年，裁遂溪營守備，以雷協右營千總領兵一百名防守縣城。

是年，停葺白鴿寨城。

城郭之建，歷有定制，無容易也。遂邑瀕海多警，特設白鴿寨水師，統舟扼險，静則演習，動則巡遊，原非陸營可比。迺有土弁陳大有家而忘國，暫築土牆，漸增爲城，謀身則善矣。至是博格、馮村、武黎、進德、蘆山、小山六社居民歲修輒費數百金，民不堪命。遂奔控于督院吴□□，轉行道府，下其議。宋邑侯不避嫌忌，剴切上陳其畧曰：設兵所以衛民，造船乃以防海，未聞驅民力以供兵役，踞陸地以習水戰，如白鴿寨水師之移棲於城内也。遂屬沿海地方，汛防緊要，故專設水師船隻以爲捍禦。所謂船不離汛，兵不離船，無事可以訓練，有警即爲策應，則兵無玩心，士有愾氣，依水結寨，衆志成城，未雨綢繆之計，至周且嚴。原無土城之設也，嗣因戰船俱撤，萑苻間發，營弁陳大有自謀免竄，創立土牆，漸增爲城，以至民逐於外，兵居於内，且令椿樓排柵，不時更換，風雨修築，靡間歲月。小民無擔石之粟，遞年費數百之金。是寨内之目兵安享其逸，而六社之殘黎反任其勞，則白鴿寨城之設雖屬一時權宜，其爲厲民之階已不可勝言矣。今海宇蕩平，戰船復設，似應仍駐汛口以甦民困，況查芷艼、乾體二寨並無圍牆，則水師原爲防海而設，其寨城之有無實無關乎汛守。若謂寨城現存不便罷撤，應着寨内弁兵自行補葺，永停六社修葺，則煢煢孑遺咸安枕席矣。爰上其議，各憲是而停之。噫，仁人之言其利溥哉。洪泮洙志。

康熙二十四年，知縣宋國用重修聖殿、兩廡、戟、儀、欞星門，建啓聖、鄉賢、名宦祠。

康熙二十五年，設林東墟。

是年，奉建義學五處。縣城内，東關外，湖光巖，城月城内，馮村社樸澤村。

是年，修湖光巖先賢書室。

星候志　星野　氣候　風候　潮汐附

粵稽古制，雷屬牛女分野，則遂不待言矣，天下形勢至大也。自中土及四裔，莫不隸於二十八宿之中，乾道上行，坤輿下濟，陰陽合而道成焉。書曰：箕星好風，畢星好雨。星有異好，故民有異欲。氣候之遲速，人事之早晚，可按候而考也，作星候志。

星野

天文牛女分野。

按：《禹貢》，淮海惟楊州〔一〕。《周禮·保章》，斗牛女當楊州之域。《春秋·元命苞》，牽牛流爲楊州。《史記·天官書》，斗江湖，牽牛婺女揚州。魏晉書俱自斗十二度至女七度爲星紀。吳越分野於辰，在丑，故廬江以南盡於珠崖，皆楊州分域。然《續隋書》，鶉尾擁彗而吳越饑。鶉尾者，翼軫也。是吳越

〔一〕當爲「揚州」。

與楚亦同分。歐必元嘗志粤省主此葉春，及至端州，則又揆北極遠近謂尾。箕當閩粤之南，楊大史至惠州，亦謂惠宜殷乎尾。箕在斗牛下，而以南粤録左帶牛頭，右據龍尾爲證。總之，三代以前，北長南縮，北踰朔方，南止衡山。百粤山川，俱稱荒服，不以列於分野。故兖、冀、并、豫所析轉繁，而江漢以南惟荆、楊稱焉。

今南方封域極於溟海，斗既以屬江湖，而牛、女二宿兼吴、浙、閩、粤，殊有未盡。且星熒惑岳衡山，粤於衡爲近，則鶉尾同占，固其所乎。若謂尾箕爲閩、粤，則吾未敢然。蓋幽、燕之分，業有定域，但其次爲析木之津津者河也。負海諸國皆以屬河，故朝鮮之拔星茀於河界，越亡熒惑守斗，斗與牛、女皆河側閩粤也，而占在河津，理或近之耳。雷爲楊州外境，即以星紀析之，爲占無幾，又烏能寸寸而符之乎。斗爲天廟，牛爲關梁，婺女爲少府，其候不一，大小之祥各以類應。謹修德刑以敬天戒，則有土之責也已。

謹按：星野之説，以僧一行之論爲確，不以地里、方位、南北而定也。三代以前，嶺以外不入職方，故止于荆、揚、吴、越之占，止于斗牛女舊矣。嶺以外，要以上下流别之附海者，屬牛女，五羊、潮、惠、瓊及邊海之縣屬之。若自肇、雄、韶、高，皆直翼軫，此其較也。然順治十年冬，蓬星出，參之玉井，斜行没於天船。而明年李定國出石城、高州，而敗於新會之古樓，不能越江以及肇，則高、雷分野，其在此乎。

氣候

嶺南炎方，氣候與中州別。近山多燥，近海多濕。雷山勢平衍無嵐，瘴患惟近。挹洋海，土卑而薄，霜雪之嚴，遠不能加，乃洪濤震蕩，濕氣上蒸，晴則甚熱，陰則轉涼。一歲間，暑熱過半，入秋爲甚，隆冬值晴，或至搖扇。春夏多淫雨，晨起積霧四塞。三伏時，偶值陰翳，便覺淒然。衣服圖籍易生蟲蠹白蟻。舊志謂，陽氣常泄，陰氣湧溢，迭勝而相薄。陽氣泄，故人腠疏多汗，陰氣溢，故人多體倦。脚氣之病，此濕熱交侵所致也。三縣氣候俱同。諺傳：『嶺外四時皆似夏，一雨便成秋。』于遂爲尤信。

風候

海郡多風，而雷爲甚，其變而大者爲颶風。颶者，具也，具四方之風而飈忽莫測也。發在夏秋間。將發時，或濤聲倏吼，或海鳥交翔，或天脚暈若半虹，俗呼曰破蓬。不數日，則輪風震地，萬籟驚號，更挾以雷雨，則勢彌暴。拔木揚沙，壞垣破屋，牛馬縮栗，行人顛仆，是爲鐵颶。又颶之來，潮輒乘之。雷地卑逈海，無山谷之限，所恃宋元來堤岸。然久則易崩，潮衝輒潰，浮空杳漫，禾稼盡傷。潮味鹹，一歲罹害，越三歲乃可種也。颶之止亦有候，起東北轉西，或起西北轉東，俱回南乃息。否則踰月必再作。尋常作必對其時，日作，次日止；夜作，次夜止。有一歲再三作者，有三四歲不作者。聖人在上，海不揚波，吾爲雷祝之矣。

潮汐

雷郡潮汐與廣州畧同，其壯盛，悉視月之朔望，爲候一月之再盈再虛。如前月二十五六潮長，至朔而盛，初三而大盛，後又漸殺。十二又長，至望而盛，十八而大盛，後又漸殺。新舊相乘，日遲一日。每歲八九月潮勢獨大，夏至潮大於晝，冬至潮大於夜，此其大較也。

地里志

形勢　里至　山川　井泉　陂塘　珠海　土產　貨物　鄉都　墟市

地至雷極矣。遂居雷之北，去雷一百六十里。自城月大路至雷，有東西海之分。所出土產，芝麻、菽穀有餘於地，魚鹽、蜃蛤取饒於海。東土朴而醇，西人蠢而悍。故自我朝定鼎以來，東土被化獨早，西土依山阻海，叛服不常，被化爲遲。人爲之，實地爲之。觀一邑，而天下可知，作地里志。

形勢

遂溪之東水爲吳川之石門河，南流八九十里，至海頭東頭山在海中洲地，后遷，今復入海，與高州梅菉之水合。硇洲峙其中，東爲吳川之芷芓，西爲遂溪之東海五圖。自五圖之外爲洋海，在五圖之內爲內海。內海之西爲府城，特置白鴿水寨守焉。

遂溪之西爲横山江，水自博白廣西地方經石城，至此入海。其下流爲遂溪之羊角埠，乃遂溪西水入海之口也。自羊角埠沿海南去百四十里爲樂民所，舊設千戶所鎮其地，乃雷州之西臂，與海康所接應。府協置兵守之。自横山一帶起至徐聞，皆深山茂樹，地奥人稀，易於作奸，往往藪盜賊云。

遂溪踞山，斜離前峙，射馬後屏，古塘左抱，清淵右旋，地曠土腴，農桑樂業，湖光靈巖，湛影漾碧，亦一邑之勝也。

里至

東至海頭砲臺七十里，與吳川芷芧界。

西至文體砲臺七十里，抵大海。

南至府城一百六十里。

北至清音橋三十里石城界。

東南至東海一百四十里，抵大海。

東北至石門河三十里，抵吳川界。

西南至樂民所博里港海岸二百六十里，抵大海。

西北至横山堡六十里石城界。

山川

縣城東北三十里曰射馬嶺。高五仞，廣十里，狀如匹練。元平章阿剌海牙提兵經嶺下，以馬試□，故名。

東三十餘里曰烏蛇嶺。高五丈許，周圍十里。原出烏□，其形如蛇，故名。

西北一百五十里曰調樓山。枕大海，高十仞，周圍三十里。

東一百四十里曰嶠嵂嶺。高十餘仞，在東海村盡海處，爲東方巨鎮。舟自廣還，至汾洲洋中，先見此嶺，以爲指歸。

東南七十里曰交椅嶺。高七仞，廣十五里。狀如交椅，故名。

湖光巖。先名陷湖，又曰淨湖，古托、寧二村陷爲湖，深不計□丈。有二石巖如屋宇，餘巖穴皆可列坐。一境清幽，真洗耳之地。又在湖西絕壁中，有巖名曰白雲巖，宛若城門，人蹟罕至。唐宋之末，避世者多往依之。靖康中，有僧琮師居其中。建炎三年，丞相李綱改曰湖光巖，寫三大字遺之，碑刻於石。

一百里曰覆盂山。高十仞，周圍四十里，突起一峯如覆盂，故名。

其南曰調雞門洲。周圍一百零五里，洲民以魚鹽爲業，隔硇洲僅一港。地勢奔趨，如雞張翅，故號調雞。

西南七十里曰螺岡嶺。高二十仞，周圍二十里，盤旋突起，峰團若螺形，鄉人東西立石兩座，一曰螺岡神，一曰石頂神，遇旱禱之。後因颶風，移螺岡神石像於山下，祀之愈謹。

二百里曰潿洲山。特起西海中，周圍七十里，古名大蓬萊，周圍皆海，故名洲。人多田少，民以採海味爲業。

其對峙者曰蛇洋山。特起西海中，高十仞，古名小蓬萊。遠而望之，形如走蛇，故名其地爲蛇洋洲。

南十里曰饅頭嶺。在二十二都。

三十五里曰七星嶺。在邁龍村前，高五仞，周圍十里。嶺上又起小峯，拱列形如北斗，蘇東坡題書其石，曰七星拱秀。

三十里曰都濠嶺。高十二仞，周圍十三里，即遂治案山。

五十里曰斜離嶺。高十五仞，周圍二十里，突起二峯，勢皆列斜，因名之。

東七十步曰東溪水。流向南傍塘水。

東南七十里曰鐵杷水。發源於潭北岸，流向南，合麻洋港水。隋開皇間，於東岸建鐵杷縣。

八十里曰三鴉水。發源於本都潭大坡，流向東，合傍塘水。水傍有三石如鴉，故名。

南一里曰傍塘水。流向西南，合東溪水，經二十四都，會三鴉水，轉東入於海。水之南岸有傍塘廟，故名。

一百二十里曰乾零水。由乾流巽經吳村一十里，合通明港水，轉東入海。故名曰乾零。

西南七十里曰武樂水。發源於螺岡山下，流向□轉東入於海。昔路伏波將軍駐師於溪北岸，後名曰武樂。

七十里曰城月水。發源於螺岡山下，流向南經□家渡九十里，與武樂水合，東入於海。

西北六十里曰横山江。發源廣西，出横山堡，流至本縣西極樂民所。昔人欲通此水以至南渡，竟議罷。

有港九，曰：平樂港。在縣東四十里。

曰蠶村港。在縣西一百六十里。

曰抱泉港。在縣西南四十四里。

曰博格港。在縣西南一百二十里。
曰調神港。在縣西南一百里。
曰麻洋港。在縣南五十里。
曰通明港。在縣南一百五十里。
曰麻溧港。在縣南一百七十里。
曰木舟港。在縣南一百里。

井泉

縣井有四，曰：
萊公井。縣南一百八十里英靈村，即祭海亭前。昔寇萊公經遊，飲甘冽，因名萊公井。宋郡守薛直夫重浚，石刻萊公井三大字，立亭於上。今廢。
甘井。北門鋪內，洪武間，知縣張昭開鑿，味甘。
白石青井。縣南三十里邁龍村。
玉堂井。縣南一百三十里篤信鄉，泉上有石，周圍三丈餘，石上有仙家馬跡，俗名仙泉。其泉湧出，北合溪潮，流於通明港。
池二，曰：

放生池。縣南，宋郡守陳大震於傍塘水際灣築爲池，蹟尚在。

蓮池。城南五十步清政亭下。洪武間，典史鄧湯中建亭鑿池種蓮，今廢。

泉三，曰：

拜揚泉。在海頭營，泉□。康熙六年，遂溪城□吳都司勛□浚。

吳公泉。在遂溪城東數十步。康熙十年，吳□□浚二□□□□□。

陸公泉。詳見陸公亭。

陂塘

縣之渠一，陂二，塘十有四。

特侶渠。亦號何公渠，導特侶塘水直至天妃宫前，與西湖水合流。古設九橋以渡人行，其支流以灌東洋萬頃。萬曆三十年，推官高維岳添石砌浚，民咸利焉。

都賀陂。在縣南五十八里，元縣令都賀築，因名。灌雲脚等處田。洪武間，縣丞薛成玉重修。

東溪陂。縣城外東北隅，距縣半里。嘉靖十年，知縣張惠築成。灌南門、西門等田。水初直瀉傍塘橋下。萬曆五年，推官陳王政署縣，補築土堤，自東山坡尾築，接水旋出橋上，環抱邑城。

潭車塘。在縣南一百八十里潭車村。元時開築，廣十二畝，灌潭車村下岸等處田。洪武間，知縣張昭重修。

古州塘。在縣南一百八十里古州村。宋太守俞冷築塞。廣十五畝，其水灌古州田。洪武二十年，知縣王淵重修。

張贖塘。在縣南一百八十里張贖村。原名張熟□□，宋何庾開築。廣四十畝。其流通萬頃閘渠，俱灌東洋田。洪武間，縣丞薛成玉重築，歲久閘廢。嘉靖間，乡民□买为田，郡人张一拱寻赎还为塘，因名曰张赎。今復废为田。

都典塘。在縣南一百八十里都與村。元時開築，廣六畝，灌東洋田。洪武間，縣丞薛成玉重修。

曾古塘。在縣北一十里排後鋪。洪武間，知縣張昭開築。廣三畝，灌東山村田。

調離塘。在縣南一百二十里塘邊村。洪武間，知縣張昭開築。廣二十畝，灌本村田。

徒磊塘。在縣南一百里東岸村。洪武間，縣丞薛成玉修築，廣二十畝，灌東岸田二頃餘。

那都流潭塘。在縣東南七十里大塘村。洪武間修築，後水涸塘湮，居民承買爲田。

那詠塘。在縣西北一十五里官井村。元時修築，廣十畝，積水灌本處田。洪武間重修。

黃家塘。在縣一百八十里居梅村。洪武間修築，廣十餘畝，灌居梅村田。

平餘塘。在縣北一十五里白沙村。洪武間修築，廣十餘畝，灌本處田。

博格塘。在縣南一百八十里。元時修築，積水灌博格洋田。洪武四年，知縣王淵重修。今廢爲田。

賓蔞塘。在縣南八十里陳家村。洪武間，知縣張昭重築，廣五畝，灌那楠琥坑田。

特侶塘。廣四十八頃，在縣南一百八十里小山村。宋郡守何庾開渠築堤，建閘導流，灌東洋田四千餘頃。郡守戴之邵重修。洪武四年，同知余麒孫沿舊開築。萬曆三十七年，同知張應麟將寄插塘，沒官谷價買石堅砌十閘，起十岸人夫修築。

歐陽記曰：予壬子春隨同寅至勸農亭，徘徊特侶，深幸東洋之有是塘，蓋天造地設，以粒此方民者歟？前此者修築建閘，頗費心力，但第十一閘設板置鎖，郡屬一官司之，似覺未善。夫有利其閉者，必有利其開者。倘霖雨陡作，衆流奔赴，欲趨郡城取鑰，十里之遙，豈能遽至。漲滿泛溢，害將有不可言者。余謂弗鎖弗板之爲便，惟用石砌一平水，斯閉與開兩家之患息矣。後署事竟撤鑰不用，欲代石砌未暇。至今民未有告溢與壑者，則法亦不宜太密耳。因記於此。

珠海

海産珠，方内惟雷、廉爲然。廉州海池五，雷僅一焉。一之産不與五埒，然關雷利害，匪細似不可有兩也，尤憾其有一也。記者以與蓮池、放生池一類附載，則闇於輕重之較矣。余雖理官，輙稽爰書，覩蚩蚩貪夫以身殉珠，不勝胡賈之慨。因思雷一池一穽也，況於廉之五乎。故特標而出之，以告夫留心地方者。

對樂珠池。在遂溪縣西南一百五十里第八都樂民千戶所城西海内，漢唐無考。自劉鋹置媚川都，宋開寶以還，遂置場司，或採或罷。洪武二十九年詔採，未有專官。正統初，始命内官二員分鎮雷、廉珠池。初傍池建廠，專守防盜。成化年遷廠郡城，大爲民害。正德中，採珠樂池，無珠罷採。末年，太監趙蘭激變，御史陳實奏革雷州守池太監，總屬廉池内相管理。嘉靖八年，復採珠，都御史林富奏止之。九年，林富復奏革廉州珠池。市舶内相專敕海北兵巡道帶管兩郡安輯。

歐陽論曰：吾觀對樂池，竊慨投珠抵璧之風，澤梁無禁之政，遐哉不可追矣。夫珠者，饑不可食，寒不可衣，而衆貴之，以上用也。雖精光陸離，要不過爲簪珮飾，何與人身輕重之數。而人主直封爲一己利，令胠攘成風，怨厲四起，則珍珠之奇毋乃爲人祟哉？子罕謝宋人曰：汝以玉爲寶，我以不貪爲寶。若以與我，是喪寶也，不若人有其寶。夫一小國大夫猶知自愛其寶，況撫有四海者乎？余讀開採疏，每次費金錢若干緡，所得珠不償所失，而踣命供輸之下、委骨海魚之腹者，莫可紀極焉。有惻心者，奈何以數萬生命供宮闈一簪佩之飾也。夫珠與玉並珍，未聞玉田受封者，獨珠池禁防甚嚴，何哉？內使貽害，往事不具論，即今瀾洲設一遊擊，又設左右中三部分防之。橫山、息安有堡，樂民有所，淩祿巡檢有司，軍兵、樓櫓、甲盾、戈矛，紛紛綸綸，無非爲禁池，用費不貲矣。利之所在，皆爲責諸遠方豪有力者，高檣大艦，走海如騖，堅器銛刃，與官兵決死生於波濤，即扞網觸法所不顧。沿邊細民，或接濟，或舶筏，招集亡命，假捕魚而探龍淵者，其罹不億偶一緝治，非遊魂犴狴，即假息城旦。至于防守諸弁，多陽禁陰縱，與之爲市人思染黿鼎而嘗焉。即文臣中倘不自愛，一中其餌，未有不敗名辱節者，其自愛者鞭長腹遠，竟亦莫如之何。

嗟乎，天苞地孕，豈欲禍此一方哉。卒以珠賈禍若此，則封殖使然也。故爲國計，以民利爲寶，珠璣不與焉。爲雷民計，以無珠爲福，多寡弗與焉。孟嘗去珠復還，千古詡爲盛事。余謂珠物也，安知去還，即去還何關於太守。民蓋誦其廉而不得，特假珠以神奇之耳。對樂池往採無珠，乃今數年來生入港內，倘以去還論，則孟嘗不得專美矣。詎知珠之盛害之貽也，余於此有三慮焉。天地精華之氣鍾於人爲英傑，結於物爲珍奇，此有所盛，則彼有所衰，可慮者一。慣盜魁渠，乘風飆起，千百連艅，勢難究詰，刦海刦村，機將醞釀，可慮者二。貂璫豺虎，無日不躭躭海內利孔而借之，一旦簧鼓煽亂，開採命下，曩時搏割之害又見今日，可慮者三。有此三慮，則珠惟患去之不遠矣，況敢望其還哉。當此時，倘有能爲民請命，盡弛池禁與民共之，則諸害除，諸費省，其利於國也大矣。即宮闈簪珮之飾難云盡屏，何至患於無珠也。投抵之風，無禁之政，上追聖軌而雷地受福，蓋無量也已。

土產

稻之種有十六

早稻。二月種，六月熟。

早黏。種熟□，早稻□。

香秔。粒小，性柔而味香。

粳稻。

古秔。性柔似秫。

珍珠稻。米稍圓而色潔。

黏稻。赤、白二種。
光芒稻。
長芒稻。
紅芒稻。
烏芒稻。
秫稻。
百穄稻。坡田種。
黄穲稻。米極潤白。
芮稻。二月種，十月熟。
山旱。砍山種。

黍之種四
糯黍。
黄黍。一名金黍。
飯黍。
牛黍。

稷之種三，即粟
鴨脚粟。釀酒用。
狗尾粟。一年二熟。
大粟。一年一熟。

麥之種一
小麥。九月種，二月熟。

菽之種七，即豆
綠豆。豆粉用。
紅豆。
白豆。
刀鞘豆。
柳豆。枝葉似柳。
扁豆。

烏豆。一名爵豆，作豆豉。

麻之種一

芝麻。香油即用此作。外有苧蔴、青蔴、黄蔴，皆作布用，不入穀品。

竹之產爲種有十三

麻竹。笋甜可食。

紫竹。

鳳尾竹。

人面竹。近地數節密，如人面。

青竹。

青絲竹。

刺竹。笋可食。

觔竹。

包竹。

粉竹。可作器用。

鑾竹。

筯竹。

黄竹。

木之産爲種二十有一

香樹。頭結黑者爲清香。

槐。

楓。脂香可爇。

青楠。

榕。葉繁多蔭。

水松。

桄榔。樹如檳榔，子串珠。

苦楝。

刺桐。花紅。

樟。木香有紋理。

貓尾木。可制器。

木棉。花紅實白，似棉花，可爲褥。

栢。

桑楮。

山蘿。子可作油。

天南。竹葉。

雞骨香。鄉村多焚之。

觀音柳。葉細，取浸水服涼。

山桂。皮味似桂，客家每混入藥賣。

水楠。生於水邊，其氣肖南。

鶴木。

花之產爲種四十有三

素馨。

茉莉。清香襲人。

青茉莉。架生，碧色。

蘭。楚詞：蘭，葉長而花一；蕙，葉短而幹多花。此中所蒔者，皆蕙也，青色者佳。

山礬。一名春桂。
月桂。亦名長春花，類薔薇，四時皆放。
木穉。即山蘭花，似魚旦，氣清香。
薔薇。紅白二種，蔓生，其花易謝。
山茶。有二種。
海棠。色紅無香。
楊妃蘭。葉似月桂，一名密友。
羅漢蘭。
九里香。一名鳳尾。
雁來紅。
繇花。
含笑。一名紫笑，色紫，清香。
山丹。有白紅、桃紅二種。
茶薇。
郁李。
七里花。

犁頭。

滴滴金。花黄似菊，朝開夜落，一名夜落金。

鳳仙。又名指甲花。

紫薇。

葵花。

珍珠花。

石榴。一種雙瓣，一種單瓣，結子可啖。

佛桑。似木槿而瓣小。

鐵樹。即百日紅。

雁爪。大含笑而小香。

雞冠。紅白二色，似雞冠，和酒炒，銷痔。

木槿。有紅紫二種。

闍提。

水仙。

剪春羅。花似石竹，瓣如剪。

鋪錦。

玉簪。

萱。一名忘憂草，即鹿葱。

菊。品最多。

滿天星。花細白，開時樹燦如星。

海楊梅。

金錢。花深紅色，圓如錢，又名子午花。

淑英。色白，似茉莉而尖小。

草之產爲種二十有一

九里明。煎水可療瘡毒。

黄芋。

馬鬃。煎水療毒。

鳳尾。搗汁愈痢。

知風。

車前。可利小水，愈白濁。

長生。

菖蒲。五月取浸酒，飲以去毒，曰菖蒲酒。
鷜哥。
馬鞭。形如馬鞭，故名。
莎荗。
莃薟。一名苦草，煎水洗毒用，密製丸，九蒸九曬，服之，解毒降火，固精延壽。
蒼耳。
蓽撥。
蔓陀羅。花白，漬酒飲之，令人發狂。
鴨脚。可製藥，治痢。
石蓮蓬。治癰。
豬耳。即車前。
蔞。即扶藤，合檳榔食之，出錦囊所者佳。
斷腸。極毒，人嘗之立斃。

瓜之產爲種十
西瓜。

黄瓜。一名金瓜。

土瓜。野有類何首烏。

香甜瓜。即班瓜。

南瓜。類金瓜而大。

冬瓜。《本草》云：經霜後皮生白粉，故名。

水瓜。一名絲瓜，即閩中天蘿。

苦瓜。味苦而性冷。

葫蘆。即瓠子。

金瓜。形圓而短，熟時黄如金。

蔬種三十有四

白芥。

紫荼芥。

莙薘。即甜菜。《本草》云：□麻汁浣□衣，白如玉色。

白菜。

甕菜。蔓生，花白莖虚，種出東海外。始以甕盛至，故名甕。

波菜。出波稜國，解諸毒。
芫荽。一名胡荽。
蘿蔔。
辣菜。
苦買。詩言采芑是也。
茼蒿。《本草》云：風動氣薰，人不可多食。
茭筍。
莧。《爾雅》注：莧和鱉食，則腹中產鱉，能死人。
紫背。產于海。
豬鬃。
鹿角。
羊角。
葱。
蒜。
春不老。冬種，至正二月不花。
韭。

蕹。《本草》云：似韭，用之皆去青留白。

薑。

芹。生池澤中，一名水英。《爾雅》謂之楚葵。

鱟脚。

浮藤。

菰。山氣遇雨輙生，最大者不可食。

海粉。

石粉。

青苔。二物俱海生。

土荽。和米粉蜜煮解暑。

薯。

蕷。有四種，早蕷生于高山，東蕷生于澤，薑蕷生于旱坡。

雙筋。

果之產爲種三十有三

桃。

梅。
李。有臘紅二種。
檳榔。間有之。
柑。有扁柑、珍珠柑、饅頭柑。
菱。
柿。
橘。
蔗。有數種，臘蔗、牛腿蔗、烏脚蔗、莽蔗，可煮爲糖。
荔枝。
龍眼。産北海者最甜。
金橘。可浸蜜，善製者葉青而不變。
石榴。
菩提。色白者味甜，五月實。
蓮房。即荷實。
香圓。
柚。

橄欖。

黄皮。

胭脂子。皮淡緑，穰紅，味酸甜，似胭脂，故名。

楊梅。山中生，三月結實。

餘甘子。圓如龍眼，味似橄欖。

楊桃。五棱，味酸。

芭蕉。有數種，無子者曰績蕉。

瑪瑙。味甘，造酒用。

椰子。

胡桃。可作油。

倒秥子。一名海漆子，可釀酒。

波羅蜜。樹高生子，圓有刺，附枝幹生者大，味甜，性最熱。

毛韶子。狀似荔枝，殻毛味酸。

槌子。歲飢可茹，亦可造酒。

山竹子。似菩提，色黄味酸，亦可蒸酒。

稔子。六月熟，蒸酒味極佳。

藥之產五十

益智子。

何首烏。《本草》云：苗葉相對如山芋而不光澤，莖蔓紫，花黄白，子有稜，可烏鬚黑髮。

半夏。

荊芥。

海桐。

白丁香。即雀屎。

麥門冬。

車前子。俗名豬耳菜，性極涼。

萆蔴子。炒熱治瘰癧，婦人產難者，取八顆搗爛敷脚心，即下。恐腸出，又取搗爛，敷頂。

黑牽子。

益母草。苗似艾莖，大葉可用，治產難，故名。

鬱金香。《本草》云：葉似薑黄，幹起數寸而後葉開，根黄赤色。

蛸螵。《本草》云：即桑下螳螂子。

白扁豆。

香附子。即莎根。
百部。
橘紅。
蓮鬚。
班貓。豆葉上者良。
白芨。花紫，根形似菱，節間有毛。
百兩金。
蛤蚧。
皂莢。
木鱉。
薄荷。《本草》云：病瘥食之不宜。
茴香。
良薑。山中野産。
百合。
烏藥。
山梔。小而多稜者可用，大長者只可染黄色。

巴豆。子可用藥魚。
山藥。即《本草》薯芋，性溫。
忍冬。
蒼耳。一名羊負來。
蜂房。
蛇蜕。石上完全者佳。
虎骨。
海馬。治難產。
菖蒲。
草茇。
天南星。
艾。有草艾、耆艾。
薏苡仁。又名老鴉珠。
天門冬。葉似茴香，蔓生有刺。
三籟。味香。
山總管。解漆毒。

柳豆。
茱萸。
仙茆。
蟬蜕。取得當蒸熟，勿令蠹。

貨物

布之品五
棉布。
踏匾布。
苧麻布。
青麻布。
黄麻布。

皮之品十有一
虎皮

豹皮
山馬皮
鹿皮
麖皮
獺皮
狸皮
牛皮。
鯊魚皮。
蚺蛇皮。
山狗皮。

絲之品四
絲。
絲綢。
水綢。
絲經。

用之品八

蜜。

黄蠟。

吉貝。

錢。

翠毛。

花紅。染布用。

青石。

灰。

食之品八

茶。

油。

酒。有桂酒、稔酒。

糖。

醬。

醋。

鹽。

粿。

禽之產爲類二十有九

鷹。

烏。其頸白，能反哺者鴉。

鴛鴦。

喜鵲。

鶻。其性悍，能捕魚。

鷓。

鳶。

燕。即紫燕也，立春即來，巢人家。

鷺。

杜鵑。

鳩。
雀。
鷓鴣。取雄者養爲囮，春有雌啼占山頭者，取囮對啼，設網取之。
鶴。
黄鶯。
鸜鵒。
䳢老。
畫眉。眉白，毛似鴛。
百舌。
百勞。即博勞。
叫天兒。似雀，愈鳴而飛愈高。
鵪鶉。《列子》云：蛙變爲鶉。
鵓鴿。即□鴿也。
白頭公。
山雞。
水鴨。即鳧鷗。

山呼。本地多產，黑腮，其白腮善鬬者間亦有之。

鵜哥。養久能人言。

啄木。嘴尖似鐵，能啄木爲巢。

獸之產爲類十有八

虎。

豹。

麖。

麞。

鹿。

猴。

山馬。

山羊。

野猪。

箭猪。遍身俱箭，怒則射人。

香狸。

穿山甲。
狐狸。
獺。似狐而小，青黑色，水居，食魚。一歲二祭，豺祭方，獺祭圓。
豺。赤獸也。
山犬。尾大，身黄色，入地穴。
喙夜食。尾大，樹上疾走取食。
山猫。

魚之産爲類四十有一
海龍翁。大如屋宇。
海狸。
鯽。形似鯉而體促，腹大而脊隆。
金鯽。
塘虱。首有角，成群含水過坡。
螬。
螬白。

赤魚。似鯰魚，肥。
紅魚。
紅花。頭中有二大沙。
白帶。
絲刀。
尖嘴。
黃魚。
黃齊。
金錢花。
朝天。即羊肝魚，尾有二星。
扁魚。鹹淡水有。
鱆。
鯉。
鮎。
燕。
鰫。

鰻。
鰍。
鱸。
墨魚。
虎鯊。四尸頭，脊有骨刺。
海猪。
魧。
鋸鯊。兩牙如鋸，長二尺。
鹿沙。如犁頭，背斑文如鹿。
鱔。
比目。
鯀魚。
鯇。
扁鱗。
青鱗。
馬膠。

松魚。

錦鱗。

介之產爲類十有九

黿。俯行者靈。

鱉。伏於淵，卵於陵。

鱟。形如惠文冠，眼生背殼上，尾尖而堅。

蜆。

蠔。即牡蠣，附石而生，殼可燒灰用。

車螺。

香螺。

仙人掌螺。

指甲螺。

血螺。

馬蹄螺。

白螺。

紅繡鞋。
珍珠螺。
玳瑁。海中間有之。
蝦。
龍蝦。
蟹。
蛤蜊。

蟲之產爲類二十
螟。
蜥蚕。藺有黄白二種。
蚺蛇。最大，皮可販賣。
蝪虎。
蜘蛛。
蜈蚣。
蜥蝪。

青蛇。與孔雀交。
薰鼠。
水蛇。在水中。
蜈蚣。
看家蛇。
螳螂。
蜜蜂。
佛蛇。即草花蛇。
蜻蜓。
促織。
蚱蜢。
火蛇。紅色。
蝙蝠。
蟋蟀。
蝶。
蟬。

蛙。
兩頭蛇。色紅紫，長六尺，人見之必灾。
土縣蛇。將生子，必當大路俟人擊之，腹破，子始出。若無人擊，子食母而出，故人稱土縣蛇爲不孝。
簸箕甲。黑白成節。
歐陽論曰：予觀輿地圖，稱雷有犪牛、孔雀、翡翠等物，今按之，蔑如也。犪牛，雷不識其名。孔雀，產于欽。翡翠，則瓊地生焉。書可盡信哉？故志不載云。

鄉都

縣之鄉五，都十，其屬於鄉者爲社二十三，後併英豪、五里二社爲英里社，裁仁德上社。康熙二十六年，復東海三社，存社二十一，爲村十有二。舊圖五十五，後廢二十五，見圖三十。内鹽圖二，蛋圖一。康熙三年，遷東海五圖，存圖二十五。康熙二十三年展復。
居仁鄉。附縣城四里，領都二。
二十四都。在縣東北五十里，圖二。
二十五都。縣西北三十里，舊圖三，今圖一。

由義鄉。縣西四十里，領都二。
二十六都。縣西四十里，圖一。
二十七都。縣西十里，舊圖四，今圖□。
崇禮鄉。縣南四十里，領都二。
二十二都。縣東南四十五里，圖七。
二十三都。縣西南四十五里，圖一。
尚智鄉。縣南一百里，領都二。
二十都。縣東南一百里，舊圖六，今圖五。
二十一都。縣西南一百二十里，圖四。
篤信鄉。縣西南一百八十里，領都二。
三都。縣南一百八十里，圖六。
八都。縣西南三百里，圖二。
新安社。
進德社。
通明社。
西坡社。

小山社。
武黎社。
馮村社。
黎村社。
博格社。
蘆山社。
城月社。
英里社。
舊縣社。
調寶社。
臨濟社。
平樂社。
仁德中社。
仁德下社。
東海上社。
東海中社。

東海下社。

溫良村。縣東北二十里，二十四都。

桐油村。縣西北三十五里。

湛川村。縣西北五十里，二十六都。有溪名湛川，曾于此置湛川縣。

黎家村。縣西七十里，二十七都。上四村俱屬由義鄉。

舊縣村。縣東南七十里，二十二都。隋時以其地置鐵杷縣，宋始遷今縣。彭族世居之。

阮家村。縣南四十五里，二十三都。阮氏世居之。上二村俱屬崇禮鄉。

祿遐村。縣東南一百二十里，在東海。

蘆山村。縣南八十里，二十一都。二圖。洪氏世居之。即今蘆山社是也。

東海村。縣東南島中，爲郡邑障蔽，有五圖居民。上三村俱屬上智鄉。

英靈村。縣南一百八十里，三都。陳時，有客驅牛過此，悉化爲石，因立石牛廟。又陳氏獵此，獲雷卵，即今雷廟是也。

麻烈村。又名小山村，縣南一百七十里，三都。

博禮村。縣南一百四十里，八都。上三村俱屬篤信鄉。

墟市

或興或廢，倏此倏彼。今據現在者開列於後。

縣市十三

海頭墟。

斜滿墟。

麻豐墟。

麻漳墟。

石橋墟。

城月墟。縣西南城月驛邊。

心塘墟。府北二十里，本邑地。

那郁墟。縣南七十里，臨濟社。

烏黎墟。

通明墟。在白鴿寨□□。

南門墟。知縣智如愚建。

北門墟。知縣朱先炳建。

林東墟。縣東北三十里，石城交界。康熙二十五年，知縣宋國用新建。

謹按：兩家灘墟，遂、石接境地也。遷海以來，□陸行，遂人設墟於灘，石民咸赴市焉。開海弛禁，石邑之新墟，道通海舶，土人利其鱗集，移建爲墟。而遂市幾廢，居民走控高、雷二郡，檄縣查勘，予毅然任之，剏立林東墟。又思睦鄰，安下之道期訂。石令白公會議曰：兩家灘墟，地則唇齒，人盡姻婭，其來由舊，自宜世世因之，毋相易也。迨海禁既開，盛衰頓異，以致兩邑居民分境立墟，貿易之徒因而向盛背衰，此亦情勢使然。乃石民既已趨今，而遂民必欲從古，聚訟有何益乎？會議石屬之新墟，期以一七。遂屬之林東墟，期以逢四。雖愚民或有多寡之嫌，而同事必無彼此之忌。其名雖分，而實則一，無容紛爭者也。爰爲移石詳府勒石永遵云。知縣宋國用志。

民俗志

習尚　言語　居處　節序

古者命太史陳詩，採民間風俗，貞淫奢儉互見，而王政之得失彰焉。遂彈丸小邑，言語、習尚、居處、節序不能盡同于中土，而汰奢就儉，擯淫反貞，其大較也。一道同風之世，敢自外于聖化乎？壬子秋，修雷志告竣，吳太守致詩云：相期風俗歸鄒魯，共約文章逼漢秦。故移風易俗之責良可牧宣究心焉，爰作民俗志。

習尚

遂之習俗較于雷之海、徐，尤稱朴古。野曠人稀，其民非漁則耕，不事商賈，惟城郭、市井間或爲負販。□鹽求異，與饒貲定千里以計奇麗者則無之大□土廣穀賤，人饒於食，不事蓄聚，故無千金之產，而亦罕饑寒之家，其大較也。士子篤行自守，恥爲浮薄。東路一帶，巨族婚姻喪葬，多行朱子家禮。惟縣北隅猺獞性悍，不怕賊而畏見官。大路西枕山附海，經翰、鑑之亂，人習戰鬭，不甚知禮法。至于尚巫而信鬼，則雷郡通俗，不獨一遂爲然。

言語

遂之語三。有官語，即中州正音也，士大夫及城市居者能言之。有客語，大約與廣語相類，惟東北角猺民言之。有東語，則遂城鄉落通談，雷屬三縣皆然，即漳、潮、瓊州之音，亦畧相似。

居處

遂俗朴，屋宇多簡陋。蓋海濱多風，地氣復濕，風則飄搖，濕易蠹朽。城中惟官署始用磚石，差可耐久。里巷則土垣素壁，僅蔽風雨而已。不數年，俱圮壞。豪族宅頗完美，然亦稀覯。鄉落間瓦蓋者少，農家竹籬茅舍，有太古風。但終歲拮据，未可以爲安也。

節序

歲時節序率與雷同俗。

立春。先一日，所屬有司官員俱出東關外春牛亭，即附郭東門接官亭地所。邑人妝春官，街市軍民各扮雜劇，俟祭芒神畢，諸色人前導迎春，以八童男女爭以菽稻灑土牛，謂之消疹。近日有無知輩撒以沙石，動致傷人。觀土牛以卜風雨水旱。及打春，爭推倒土牛以辨豐歉。是日啖春餅、生菜，頒送春花。

元旦。夙興祀祖，禮畢，乃拜所親，出賀閭里親友。是日酌栢酒爆竹。

上元。張燈結綵，舞象遊戲，作火樹，放花炮烟火，打鞦韆，猜燈謎，士庶嬉遊達旦，謂之慶元宵。是日，各街市社廟作紙船遣灾，鄉落亦然。更有興扯藤一事，爲他處所無，而遂獨有者。先爲嘉靖年修學宮，舁棟柱，民間分東西部，以大藤系木，□許而致之。先到者賞，後沿之以藤對扯，以角勝負。官府或爲銀花以賞之，遂以成俗。每至元宵扯藤，遠近士女走集來觀，闐溢城市，比來官府誤聽人言，文東武西，遂成爭端。

清明。折柳枝懸於門，併插兩鬢，謂之明目。率老少男婦掃墳掛紙，添土祭燕而歸。

四月八日。浮屠氏浴佛，爲龍華會。

端午。角黍薦祖，以艾懸門，合雄黃菖蒲飲之，謂之辟邪。自初一至初五，童子以風箏爲戲，謂之放殃。線斷落人屋舍，必碎破之，以爲不祥。觀競渡于傍塘河，好事者懸銀錢于竿，龍舟競奪之，謂之奪標。

六月六日。祀竈。各曬書籍、衣服以祛蠹濕。是月，各鄉農以紙錢攘蝗。

中元。薦殽醬，焚楮衣幣，祀祖先，爲蘭盆會。

中秋。具酒饌，邀知己賞月。童兒燒瓦塔以□相餉，謂之剝桂皮。

重陽。士夫携盒登高，賞菊飲酒。

冬至日。合族設饌享祖。臘月念四，夜祝竈曰送竈神上天。或用念五。

除夕。享先，饋親友，曰圍爐。各家掃淨舍宇，送箒於荒郊，曰送窮。其夕燃燈達曉，放爆竹，尊長分錢於幼小，以歲爲差，曰守歲。

四季之月，城鄉皆祭社，會飲分肉。

輿圖、星候、地理、民俗論

論曰：昔堯都於冀方，合天下輿圖而畫一之，置州九，復益以十二。爰命羲和掌四仲所居之地，曰暘谷，曰南交，曰昧谷，曰幽都。鳥火虛昴，纏次不亂，而分地制里，九州田賦有上中下九等之別，則輿圖必稽諸星候。星候定，而後地可理也。書曰：五載一巡狩，群后四朝，豈非欲周知天下之土俗與民风乎？故制地里而次以民俗，治天下之急務也。沿諸三代，及夫秦漢，以迄唐宋元明，其地益闊，其俗亦殊。總之，皆承天而治民，因地以正俗。

我朝定鼎以來，奄有萬方。牁牂、儋耳之鄉，夜郎、台湾之地，莫不在版圖中也。雷遂屬在天末，彈丸微區，扇沙之土宇可考也，女牛之纏度可稽也。東西山海之帶，礪如故也。民俗之冠、婚、喪、祭未改也。士君子有守土之責者，撫有版圖，留心民瘼。保疆域則苞桑孔固，動變理則天變可弭。因地出治，則山崩川竭之患不形，而移風易俗之權乃有專責焉。尚其勉旃。洪泮洙志。

遂溪縣志卷之二　亨集

建置志

城池　公署　亭館　坊表　鋪遞　橋渡　堤岸

先王開物成務，凡有裨於國、利於民者，罔不竭力圖之。非時之役不舉，此邱甲之作，見譏於春秋，阿房之侈，不取於秦代。諸如城池以固國本，公署以出政治，坊表以旌善良。亭館、驛鋪、橋渡、堤岸諸事，以利民生，皆守土者之急務也。作建置志。

城池

縣城舊在二十二都舊縣村，宋紹興二十年遷今治。舊未有城。

明洪武甲寅，知縣元太初始築土墻。

正統己未，知縣蘇觀改築石城。觀以土牆易崩，乃命丁伐石，築石城。周圍四百七十丈，高一丈五尺，城墩四十，窩鋪十六。開東、南、北三門，建樓其上，浚壕環之。

嘉靖辛卯，知縣張惠修。先是，成化初，猺賊胡公威等煽亂，民病防守，乃塞東門，止存南北二門。張惠乃興工築浚城池，復開東門，設□於外，招商建鋪，爲防禦之計。

嘉靖庚子，知縣班佩復修。時遇颶風大作，石牆傾圮，佩命修飭，堅完如故。

隆慶壬申，推官鄭國賓增修。國賓署縣視城，以卑矮，乃伐石陶磚，周圍增甃，高三尺，闊五尺。

萬曆壬辰，知縣陳庭詩創三門、月城、門樓。縣城舊無重門之固，庭詩用磚石創建東、南、北三門，月城周圍共六十丈有奇，又於門上各建重樓，東曰崇陽，南曰仁濟，北曰朝天。

萬曆丁未，知縣羅繼宗復修。公精於堪輿，以北門風水不利，始塞北門，開西門。城内文教漸興。至崇禎間，同時遊庠者計有二三十人。

崇禎己卯，知縣慎思永重修。

國朝康熙三年癸卯，署縣同知王宏志復修，改南門仁濟曰午安。磚石、灰料、人夫按此計口派辦。時兵荒，錢糧無所出也。

二十一年，知縣朱光炳復修城池，開北門，立北門墟。

二十五年，知縣宋國用復修。

公署

縣治，唐貞觀間，在二十二都舊縣村。宋紹興二十五年，遷登云坊。乾道四年，始遷惠民坊，即今治。元因之。

明洪武己酉，知縣王淵開創廳堂、幕廳、架閣庫、官吏宅舍，儀門、鼓樓、監房俱備。
辛亥，知縣孫輔重修，增設際留倉於儀門東。
正統四年，縣丞楊英重建。
正德癸酉，知縣雷世鳴建縣門樓。
嘉靖己丑，知縣張惠建堂廨，修際留倉。
己亥，知縣班佩重建倉廨。
辛丑，重修兩廊、吏舍。
壬寅，復建鼓樓。
萬曆元年，知縣陳學益修葺。
九年，知縣譚一召建涼廳於春臺後。
二十一年，知縣陳庭詩修儀門，創建賓館於門右。
二十五年，知縣袁時選修庫宇、兩廊、吏宅。
明末，衙宇盡毀。
國朝順治十六年，知縣馬光遠修堂廳數間，僅蔽風雨，餘廢未舉。
康熙三年，知縣邱時中因颶風毀衙，蹴居民房。即今巡檢寄寓者是。
康熙六年，知縣熊雯始搆中廳後衙，復原署。

康熙二十年，知縣朱光炳建修後衙，翼以耳房。

康熙二十三年，知縣宋國用建修頭門屋一座，并葺吏書房舍。

康熙二十五年，知縣宋國用重修堂廳、倉庫房。

按：縣署在城內東北邊正坐後之密頂，中爲親民堂三間。堂東西翼以耳房爲倉庫房。前中爲露台，久圮；爲甬道；爲戒石亭，今圮。左右各房共八間。舊廢，知縣宋國用修復。前爲儀門三間。儀門西前爲土地祠。又前爲迎賓館，久圮。儀門東前爲犯監。又正前爲頭門。舊爲樵樓，久壞，知縣宋國用修復，屋一座。頭門東前爲申明亭，久圮。頭門西前爲旌善亭，久圮。又前至橫街下爲屏墻。正堂之後爲□斗門。又後爲川堂，爲東廳，爲西館。又後爲縣內廨。二座帶耳房，知縣朱光炳修建一座，知縣宋國用修建一座。內廨東爲射亭。知縣朱光炳建以茅，知縣宋國用改以瓦。又後環以崇垣，周匝縣治。此固縣署之大觀也。

縣丞署。在縣堂賓館，今裁。其地即縣左射亭是。

縣主簿署。在縣堂西偏，今裁。

縣典史署。在縣東偏，久廢，今寄寓學前民房。

縣學署。在明倫堂之後。

縣學西齋。在明倫堂之西，今地爲民居。詔制諸□俱存，知縣宋國用修。一座在名宦祠下。

察院行司。縣治西，在城隍廟前。洪武二年，知縣王淵建。萬曆三十六年，羅繼宗重建，久圮，基址存。國朝順治十二年，知縣黃家蔭措銀四十兩，買遂民彭繼漢宅一座，於南門直街之西修爲院司。今圮。

布政行司。縣治西。洪武二年，知縣王淵建。成化十三年，楊徹重修。萬曆二十二年，知縣陳庭詩修。今圮。

按察行司。縣治西登俊坊。洪武二年，知縣王淵建。成化十二年，楊徹修。嘉靖二十年，知縣班佩重修。今圮。

行臺司。縣治西北，在城隍廟東。嘉靖癸丑，知縣張天敘建爲崇文書院。萬曆間，奉禁，改行臺，知縣袁時選修。戊申，知縣羅繼宗重建，今廢，址存。陰陽調術，今寓居之。

府館。即東嶽行祠舊址，今圮。

陰陽學。額設正術一員。縣南惠民坊，今圮。

醫學。額設正科一員。縣南惠民坊，今圮廢。

際留倉。縣治南，今廢。

預備倉。縣治西北，今廢。

義倉。凡二處，一在二十一都城月村，一在二十二都土札村。嘉靖間，知縣張惠積穀備賑，今廢。

湛司巡檢司。額設巡檢一員，吏一名，弓兵八名。在縣東南七十里二十二都舊縣村。國朝康熙三年立邊界，五年裁汰，九年展界，仍復設，今置縣城民房，暫爲司署。

淵洲巡檢司。在縣西八都海島中，今係界外，久裁。

桐油驛。額設驛丞一員，夫二十名。在縣西北二十五都桐油村，久裁。

城月驛。額設驛丞一員，吏一名，夫二十名。在縣南九十里城月村，久裁。

樂民倉。額設倉大使一員，吏一名，斗級四名。縣西一百五十里樂民所城內，久裁。

水利廳。縣南一百五十里三都大村頭。萬曆間，修堤岸創建，久廢。

河泊所。久裁革。

税課司。久裁革。

亭館

勸農亭。在遂地特侶塘岸西側。每歲二月望日，郡守即其地，祀先農。正德丙子，知府王秉良爲之亭，里民事也。

接官亭。三處，一在東門墟，一在傍塘頭，一在北門外二里。

迎春亭。在東郊里許。

祭海亭。縣南三都港口。每歲二月、六月，皆以十二日祭海神。成化丙午，知縣黄瓊重建，今廢。

去思亭。縣西。嘉靖間，民德班佩惠政而作，歲久圯壞，爲黠民所占。萬曆間，縣丞俞汝功逐之，故址仍存。

城月公館。在城月城内。

横山公館。縣西六十里。

西館。詳見雷州寇公祠。寇公詩云：海外炎蒸當盛暑，雨餘西館覺微凉。嚴憐夏水清陰合，時有鶯聲似故鄉。

坊表

宜春坊。在縣東街。

惠民坊。在縣西街。

登俊坊。又云登春坊，在縣南街。

拱宸坊。在縣北街。

進賢坊。在縣西中街。

太平坊。在縣北門街。

保黎坊。在縣治東，知縣林春茂立。

育英坊。在縣治西，林春茂立。

豸史坊。爲邑人御史陳貞豫立。

貞節坊。在東門外，嘉靖己酉，知府林恕爲程明德妻彭氏立。

鋪遞

自石城之清音鋪起，下至縣城，爲鋪四。

太安。中火十里至。

永平。十里至。

牌后。十里至。

東門。十里至。

自縣東門鋪起，下至城月驛，爲鋪六。

臼土。十里至。

梧桐。十里至。

石橋。十五里至。

司馬。十里至。

响水。十五里至。

城月。二十里至。

自城月起，下至平崗中火，爲鋪三。

淨坡。十里至。

下僚。十里至。

平崗。

自城月驛，西通廉州，置鋪三，以達於石城之橫山堡。每鋪二十里，每鋪置鋪兵二名。

起城月，二十里至。金釵鋪，二十里至。橋頭鋪，二十里至。赤凌鋪，二十里至。橫山堡。

謹按：橫山堡爲石城地，邑御史陳貞豫奉使交趾，還此遇賊，失印，乃奏設堡其地。後之官府欲自廉往雷，取便道至城月，遂令遂溪里長於此答應，因而成例。順治十八年，里老具訴知縣馬光遠爲詳兩院革之。罷此，路不行云。

康熙二十三年，合浦令詳請合浦、遂溪大差人夫，俱至新墟交替，各憲檄議。予上言曰：驛遞人夫，從來按邑支應，計站接替，無容諉越也。遂邑民貧地衝，夫差絡繹，上自石城，下抵雷郡，奔走道路者，刻不寧晷，此亦理分所宜。今合浦詳稱，凡有大差來往合浦、遂溪，人夫俱至新墟交替，則有大可異者。夫新墟，乃合浦、石城接壤地耳，此往彼來，頗稱適中，與遂溪實風馬牛不相及也。□查成例，自雷往廉者，遂溪之夫送至石界龍灣地方，石城接送合浦。自廉來雷者，令夫抵石，石送遂城接替，不惟勞逸得均，抑爲驛站無越。況遂夫送至龍灣，已經出界四十里，若再越石地一百二十里，直與合屬新墟接替，是兩邑之官民群服役於石城，而石縣之人夫竟逍遥於局外，不亦紊定制而貽鄰殃乎。仍循舊例爲便，各憲允而止之。知縣宋國用謹志。

謹按：遂邑郵道，往廉則至龍灣，上省必由太安，俱與石城接替，此定制也。至如西北之新墟，是石城、合浦相爲交境，與遂何與。宋令君已詳止矣。惟東北之銅鼓逕，雖爲遂、石兩邑接壤，乃係商販私路。越此而迄塅，即吳、石犬牙地也。康熙二十三年，石令更制創新，臆爲詳請，既不得志於新墟，復欲卸責於塘塅，是往來人夫，石城竟置局外，遂民何辜，代任其勞。

宋令君痛切上陳曰：事不師古，行必有弊。遂、石兩邑，里隔六十，塘鋪兵役絡繹聲援，凡有鞘餉公差，俱可□□無虞。若舍石城而走塘塅，則山僻路嶇，伏莽叵測。且從無驛站，則支應人夫，誰爲督率遣發，勢必露宿野店。然後赴城請應，不幾誤乃公務，況越站奉禁。今查塘塅，係吳川所轄，隔遂兩站，計程一百二十里。乃欲遂夫越石城之銅鼓，逕而至吳川之塘塅，不惟越站違例，萬一暑□雨滯，窮日難至。是遂民代石奔疲矣。如謂石城以爲枉道，豈有坦平王路反指羊腸而紆折曲徑妄稱砥矢，竊所不解也。當道可其其議，遂罷塘塅夫役。噫，使宋令君不爲力持，彈丸遂邑幾被鄰壑矣。予幸而併及之。邑人陳一言謹志。

橋渡 埠步附

縣橋十有四

午安橋。縣南門向，因變亂杜塞，行路由東門入城。康熙癸卯年，郡丞王宏志署縣，欲開南門。人曰：開南門，慮有火災。公曰：以癸年開之，可以安矣。因額其門曰午安。又於田中築起大路，跨橋渡水，題曰午安橋，立石暨焉。

山脚店橋。東門外，前此地無水，地畧濕而已。乙酉年，泉水溢出成河。次年，知縣喻萃慶始命疊石砌橋，以便行路。

傍塘橋。南一里二十四都。宋嘉定二年，郡守徐應龍伐石砌於傍塘溪上，路通郡城。因其在傍塘廟前，故名。嘉靖二十年，知縣班佩興工伐石，砌大通衢，直抵南門。萬曆五年，推官陳王政以路直射，築塞土隴，環繞過城，由東門入。

雲梯橋。東南七十里二十二都上步村。宋時民孫紹赴省闈，經行誓曰必中榜。回方過此橋，因名雲梯。

狀元橋。東南七十里二十二都下步村。宋時士人戴弼先伐石砌橋，路東通郡城。寶祐四年，邑人紀應炎第進士，還經此橋，邑人榮之，因名。

那鬱橋。東南一百里二十二都那鬱村。洪武八年，郡人孫釜募緣伐石，路通郡城，因其地林木叢鬱，故名。

莊家橋。南八十里二十一都。宋咸熙元年，僧人劉宗成募緣，伐石砌橋，路通郡城。昔有莊姓名嗣孫者，中咸淳間進士，居其地，故曰莊家。咸淳六年，縣尉陸永仁重修。

仙車橋。南一百三十里仙車鋪前。洪武七年，典史林子華伐石創建。路南通郡城，北達本縣。

城月橋。南九十里城月驛路上。元至元間，萬戶譚寧砌石。路南通郡城，北達本縣。

那弄橋。南七十里二十三都那弄鋪前。洪武四年，知縣王淵創，路南通郡城。

烏泥橋。北二十里二十五都大安鋪前。洪武四年，知縣王淵創。路南通郡城，北達石城。

百丈橋。南一百八十里第三都特侶塘中。宋紹興間，道人馮氏募緣，鳩工建立。尋廢。紹興二年，郡守俞冷、趙伯樫捐金命鄉人陳師正重修。嘉定十六年，太守陳斌復命僧妙應募緣重修。李仲光記。正德丙子，郡守王秉良興工重砌，疊石墩十五，通水道十四，梁以石板築之，長闊如故。路南通郡城，北通本縣。因其基長，故曰百丈。

西溪橋。城外半里，修輒圮。嘉靖二十年，知縣班佩命工重修，今廢。

菩提橋。南一百五十里通明村後。萬曆三十九年，白鴿寨把總續蒙勳捐俸，伐石創建。復砌築通衢，北路通各村，南路通明以橋，在菩提港，故名。

津渡十

通明渡。南一百五十里二十一都。造舟以渡，歲編夫二名，其渡頭淤濘，人多病涉。三十九年，把總續蒙勳伐石砌大路，直抵調蠻村，共長四百一十五丈，往來便之。

莊家渡。南八十里二十二都。官舟歲編夫二名，今廢。

曾家渡。南一百一十里二十一都。官舟歲編夫一名。

麻丹渡。南一百里二十都。官舟歲編夫一名，今廢。

庫竹渡。南九十里二十都。官舟歲編夫一名。

樂民渡。西南一百五十里第八都。官舟歲編夫一名，今廢。

平樂渡。東五十里二十二都。原有官舟編夫，今廢。

新安渡。西南一百四十里二十七都。原有官舟編夫，後鄉民賺利，每年編銀五十兩，□庫充餉。自造舟二隻，水手十四名，裝運計人貨收銀，久已禁□。

麻參渡。南七十里二十都。官舟歲編夫三名，久廢。康熙二十三年，知縣宋國用詳捐造復。

祿遐渡。東南一百里二十都。官舟歲編夫□名，前廢。康熙二十三年，知縣宋國用詳捐造復。

知縣宋國用上陳曰：夫隨山登樺，涉水乘舟，由來舊矣。今蒙展界招墾，東海悉屬内地，鴻飛兔逸之氓，莫不踴躍來歸。而舟楫不濟，觀望莫前，則瞬息三年開徵，屆期賠累包荒之弊，咎將誰諉？第思久遷，殘黎盡已皮焦髓竭，豈有餘資以供刳木擊檝之需，間有一二小艇，不過自運農具，而往來雜沓，焉得人人而濟，則望洋裹足不發，負展界之鴻恩乎。然船由私造，官無稽查，或有乘機越洋，陰釀叵測，扼流截渡，滋索多端，是利興而弊伏矣。爲查麻參、祿遐兩渡，額設官船五隻，捐製募駕，給票照驗，以至民間裝載小舟，俱爲登號候查，不許兵棍包攬私創，則奸民不敢出洋，舟子無庸勒索，此亦防微杜漸之管測也。

謹按：東海地五圖三社，曩時人煙稠密，允既庶矣。孤峙島上，往雷道經祿遐赴遂道，由麻參渡船所由設也，因遷界，外遂爲廢渡。康熙二十三年展界，流離之民，始有室家，一水所隔，寬闊計有□里，小舟往還，萬一風波陡發，巨浪衝舟，民其魚矣。宋邑侯詳請捐復渡船，以利濟涉，則畏途無非樂土矣，豈但曰乘輿濟人已乎？謹紀之以備建置之一端云。邑人洪泮洙志。

縣埠十有四

平樂埠。東五十里二十二都平樂村。自吳川等海至此，泊舟，路西通本縣。

北里埠。西南二百里第八都。自海康翁家港至此，泊舟，路東通瀾洲，北通縣城。

調雞門埠。東南一百一十里二十都。自吳川硇洲海至此，舍舟，路南通郡城。

文體埠。西一百里二十五都。自廉州海至此，泊舟，路北通縣城。

舊縣埠。東南七十里二十二都舊縣村。自調雞海至此，泊舟，路北通縣城。

了村埠。南一百里二十二都了村。自調雞海至此，舍舟，路北通本縣。

通明埠。南一百四十里二十一都調蠻村。自吳川等海至此，泊舟，路東通湛川巡檢司，南達郡城。

調神埠。西南二百里八都。自海康翁家港至此，舍舟，路東通瀾洲巡檢司，北通本縣。

麻廉博潭埠。西南一百二十里二十六都。自石城凌祿海至此，泊舟，路東通海康。

窮湧埠。西南一百四十里二十七都。自石城烏兔海至此，泊舟，路北通新安驛，南通郡城。

博郎埠。西南一百五十里二十七都。自廉州海至此，泊舟，路南通郡城。

調樓埠。西南一百五十里二十七都。自廉州海行舟至此，登岸，路東北通本縣。

博竈埠。東七十里二十一都。自吳川海至此，登岸，路南通郡城，西通本縣。

寶滿埠。東七十里二十一都。自吳川海行舟至此，登岸，路南通郡城，西通本縣。

堤岸

雷地濱海，平疇萬頃，颶風時作，鹹水逆流，田廬盡傷。宋紹興，經界司始委胡簿治海築堤以御之。起自海康白院渡，延袤遂溪進德村。乾道五年，郡守戴之邵察前堤尚□，復於胡簿堤外增築，盡包濱海斥鹵之地。高廣倍前，墾田數百餘頃，名曰陳言，蓋因陳氏建言而成也。厥後，提刑張琮，通判趙希呂，郡守薛直夫、孟安仁，元宣慰使張溫相繼修築。洪武四年，同知余麟孫、海康知縣陳本、遂溪知縣王淵協議修築，以海康分爲南北二岸。北岸以二十八宿爲號，分二十處。起自白院渡，止於河南村，長九千七百五十四丈，高一丈四尺，闊八尺。南岸以千字文四十字爲號，分四十處，自擎雷渡南，止於那湧港，長八千七百二十四丈，高闊如前。遂溪以天干爲號，分十處，起自第三都村，止於通明港口進德村，長四千五百二丈，高一丈三尺，基址闊一丈六尺，高六尺。成化八年，颶風作，岸崩，知府黃瑜委推官秦鍾、縣丞周榮督工修築，尋復崩，知府魏瀚繼築。正德十年，又圮，知府王秉良增築，功倍昔。嘉靖元年，知府楊蓁復於海康北岸角字號接起創築。一岸長□千二百九十丈，分爲八處。以六藝禮樂射御書術爲號。南岸霜字號接起創建，一岸長一千六百一十丈，分爲六處，以□生麗水上出爲號，各置水閘，以紹前功。嘉靖十年，郡人監生黃元佐奏，準給官於要害。水閘易石砌，以求永久。通判戴惟端徒費無成。至嘉靖壬子六月，颶風大發，鹹潮淹至，東南城南北二洋居民漂蕩數千家，淹死數千人。知府羅一鶚調三縣夫修築。隆慶庚午，風潮又作，崩岸數十丈。知府唐汝迪修補張字岸，灣曲淤水易壞，移高改直。萬曆十六年至十八年，颶風連作，岸基崩陷，兩洋億萬頃田悉屬荒蕪。知府林廷陞委海康縣知縣秦懋義視勘，支庫銀一千五百兩丁糧，起□銀一千五百兩爲募工樁石之用，推官陳秦旦督工，從底修築，高大倍前，内河渠閘口俱以石砌，圩岸鞏固，風潮不能爲災。

縣堤□號計四千五百二丈，水閘六所。

甲字號四百五十二丈，河北水閘一。
乙字號四百五十二丈，北家水閘一。
丙字號四百五十二丈，蓉水閘一。
丁字號四百五十二丈，無閘。
戊字號四百五十二丈，無閘。
己字號四百五十二丈，李家水閘一。
庚字號四百五十二丈，無閘。
辛字號四百五十二丈，麻洋水閘一。
壬字號四百五十二丈，麻婁水閘一。
癸字號四百五十二丈，無閘。
壬癸二岸當通明港口，閘陷成潭，縣丞賴俞秀申詳，改新堤四百三十六丈，修葺舊岸二千七百八十丈。岸復完固。

遂無別項土產可以謀生、輸課，其納糧供役，悉取給於田地。而大半沙磧輕浮，難以耕耨。惟東洋土肥泥澤，鎡基易施。一遇風雨無愆，即可盈車滿舟矣。然察洋田之豐歉，必視堤閘之廢修。蓋田形窪而海勢高，若非圩岸堅固，閘板啟閉，而乘颶上溢，害不勝計。即潮退氣鹹，勢必需遲三載，方可播種，故十年而無三年之穫也。粵稽歷代修築之法，或撥三邑人夫，或支數千庫帑，尚戛戛乎難之。今遂以荒殘之餘，田賦不及三千戶，丁止有二千，即悉索通邑以來，按日計工，不能朝夕奏效。況堤閘之修築刻期告成，可御海患。如止以有限縣力，盡經年累月之苦工，難當俄頃颶風之一浪，隨築隨頃，終無就緒。是有修築之虛名，而無竣工之實效。且至廢農失業，俯仰無資，是海患未息，而挺險填壑，又不知幾何矣。若謂設法捐修，夫設法者必取償於民，而小民之室家無有擔石捐修者，必出資於官，而各官之俸薪僅餘百金，滄海涓滴，其何以濟。或得請帑督修，招募四方荒民，樂趨赴事，不日而就。地平天成之績，將再見於今日矣。邑人洪泮洙志。

戶役志　户口　田賦　均平　雜役　驛傳　鹽課　魚課　山坡　牛税　南工匠　經紀

自唐之租庸調，變爲楊炎之兩稅，後世因之，以田定賦，以丁口辨徭役。明世以名目太繁，吏緣爲奸，始更定一條鞭之法，又均田之上，下則以平稅賦，始清釐而鮮弊。我朝定鼎，詔以萬曆四十八年爲額，恩至渥矣。然經兵燹之後，荒萊過半，中更遷移，田之缺額者八九，戶口較舊未及十一，故譜遂之賦役，首具明額於前，次及荒遷稅畝，後列各年墾復以備考。使知盛衰消長之數，而思所爲生聚愛養之方，是則撫民者之責也。作戶役志。

戶口

漢雷州戶口入合浦郡。

唐戶口無考。

宋戶貳萬肆仟玖佰肆拾貳，坊都肆拾捌里。

明洪武二十四年，戶壹萬叁仟伍佰叁拾貳，口陸萬叁仟玖佰玖拾伍。
永樂十年，戶捌仟伍佰玖拾玖，口伍萬伍仟陸佰玖拾肆。
成化八年以前，被猺殘破，人民耗散，都圖不能復舊，戶口十僅存五，非復昔日繁盛也。戶口無考，坊都僅存三十里。
十八年，戶柒仟貳百，口壹萬柒仟陸佰玖拾陸。
弘治五年，戶陸仟肆佰叁拾，口玖仟壹佰貳拾。
正德七年，戶柒仟肆佰陸拾捌，口貳萬陸佰壹拾壹。
嘉靖元年，戶柒仟捌佰叁拾，口壹萬陸仟陸佰柒拾柒。
十一年，戶柒仟玖佰貳拾肆，口貳萬貳千伍佰柒拾叁。
二十一年，戶柒仟玖佰貳拾伍，口貳萬貳千伍佰伍拾叁。
三十一年，戶柒仟玖佰肆拾陸，口貳萬叁仟伍佰柒拾。
萬曆十一年，戶捌仟零壹拾柒，口貳萬叁仟柒佰。
四十一年，戶柒仟肆佰貳拾叁，軍肆仟柒佰貳拾貳戶，民壹仟玖百陸拾戶，灶柒佰壹拾捌戶，力士貳戶，鋪兵陸戶，雜役壹拾伍戶，丁口男婦壹萬捌仟捌佰伍拾玖，男子壹萬伍仟柒拾玖丁，成千〔二〕壹萬

〔二〕千，当为『丁』之誤。

伍拾伍拾〔一〕壹丁，未成丁貳拾捌，婦女叁仟柒佰捌拾。

崇禎年間，戶口同。

國朝順治十四年，額編丁伍仟伍佰叁拾貳，口壹仟捌佰捌拾貳。

是年奉豁逃絕丁貳千陸佰肆拾貳，口陸佰叁拾玖。實在丁貳千捌佰玖拾，口壹仟貳佰肆拾叁。

康熙三年，奉遷丁壹仟伍佰柒拾捌，口肆佰伍拾壹。實在丁壹仟叁佰壹拾貳，口柒佰玖拾貳。

康熙六年，届編審增丁壹佰叁拾玖丁伍分，實在丁壹仟肆佰伍拾壹丁伍分，口同前。

康熙八年，復回丁壹佰叁拾貳，口叁拾捌，實在丁壹仟伍佰捌拾叁丁伍分，口捌佰叁拾。

康熙九年，復回丁玖拾丁伍分，口貳拾伍，實在丁壹仟陸佰柒拾肆，口捌佰伍拾伍。

康熙十年，復回丁叁佰陸拾伍，口壹佰壹拾叁，實在丁貳千零叁拾玖，口玖佰陸拾捌。

康熙十一年，復回丁壹拾玖，口伍，實在丁貳千零伍拾捌，口玖佰柒拾叁。

康熙二十年，届審增丁貳拾陸，口叁拾貳口伍分，實在丁貳千零捌拾肆，口壹仟零伍口伍分。

康熙二十三年，復回丁肆佰，口壹佰貳拾，實在丁貳千肆佰捌拾肆，口壹仟壹佰貳拾伍口伍分。

康熙二十五年，届審增丁壹佰貳拾丁伍分，口伍拾柒口貳分，實在丁貳千陸佰零肆丁伍分，口壹仟壹佰捌拾貳口柒分。

〔一〕『伍拾』疑为衍文。

田賦

唐海康郡闔郡貢絲絹四疋，田賦無。

宋雷州田賦無考。

明洪武二十四年，官民田山塘貳千陸佰玖拾叁頃肆拾伍畝柒分，夏稅折米壹斗伍升陸合貳□貳抄，秋糧米壹萬叁仟玖佰柒拾壹石肆斗玖升叁合叁勺，桑絲陸兩柒錢，魚課米壹仟捌拾壹石叁斗伍升，魚油壹仟伍佰壹拾貳觔拾兩捌錢，魚鰾叁拾壹觔捌兩柒錢叁分，鈔貳千叁拾柒貫捌拾文，銅錢壹仟柒佰肆拾叁貫肆拾文。

永樂十年，宣德、正統、景泰至天順六年，官田地六十六頃伍拾捌畝壹分捌釐，夏稅小麥折收糧米柒合柒勺四撮，秋糧米貳拾貳石貳斗貳升玖合柒勺肆抄六撮。民田地塘叁仟陸佰零肆頃玖拾肆畝壹分貳釐，夏稅小麥折收糧米捌斗貳升叁合陸勺伍抄陸撮，秋糧課米壹萬壹仟伍佰柒拾伍石陸斗柒升陸合貳勺貳撮，□米□□□□□□千伍佰柒拾玖□□□。□閏月加□□佰玖拾捌□□佰柒拾文。□□市舶課鈔叁佰肆貫貳拾□文，閏月加鈔壹拾玖貫伍佰柒拾叁文，附海禁□內□周歲酒□課鈔貳拾陸貫肆佰文，閏月加鈔貳貫貳佰文。周歲窯治課鈔貳拾陸貫肆佰文，閏月加鈔貳貫貳佰文。房屋地賃鈔周歲貳貫叁佰肆拾文，閏月加鈔壹佰玖拾伍文，周歲比附課鈔壹佰陸拾肆貫捌佰壹拾叁文。河泊所比附魚課米陸石柒升伍合。

成化元年，田地山塘陸拾陸頃伍拾捌畝壹分捌釐，夏稅柒合柒勺肆撮，秋糧貳拾貳石貳斗貳升玖合柒勺肆抄陸撮。時值猺賊殘破，田地荒棄，丁糧大減，都御史韓雍均派有實徵定數，有司見納實徵數不足，又派陪糧充之。

弘治十五年，夏稅捌斗捌升壹合叁勺玖抄陸撮，秋糧米一萬叁仟伍佰柒拾柒石玖斗伍合玖勺陸抄陸撮，有徵米壹萬伍佰壹拾貳石肆斗貳合陸勺。歲辦魚油伍佰陸拾玖觔貳兩捌錢，歲辦魚鰾壹拾貳觔拾叁兩柒錢貳分三釐。辦歷本紙貳萬壹仟張。歲貢益智子捌拾觔，歲辦藥味料壹佰肆拾觔，銀貳兩捌錢。歲辦翠毛拾肆個，生漆貳佰觔，價銀共十柒兩肆錢。歲辦麖、羔羊、狸各雜皮肆佰陸拾張，價銀壹佰伍拾兩。年例坐派水底皮肆張，銀肆拾陸兩捌錢伍分柒釐。白硝鹿皮貳拾肆張，銀壹拾叁兩伍錢肆分壹釐肆毫叁絲陸忽。年例生漆壹佰伍拾觔，銀壹拾貳兩。酒醋各色課程鈔叁仟玖佰肆拾伍貫肆佰伍拾叁文。課米壹仟捌拾柒石肆斗貳升伍合。

嘉靖十一年，官民田地塘叁仟陸佰柒拾壹頃伍拾叁畝叁分，夏稅小麥折收米捌斗捌升壹合叁勺陸抄。秋糧米壹萬叁仟伍佰陸拾肆石玖斗壹升玖合陸勺伍抄。租錢折米叁斗伍升玖合捌勺。課米壹拾貳石捌斗叁升貳合伍勺。

萬曆元年，官民田地塘叁仟陸佰柒拾壹頃伍拾貳畝叁分，夏稅捌斗捌升壹合叁勺陸抄，秋糧壹萬叁仟伍佰陸拾肆石玖斗壹升玖合陸勺伍抄。

萬曆四十一年，官民田地塘肆仟壹佰叁拾陸頃貳拾肆畝肆分壹釐肆毫壹絲零，夏稅小麥抵斗折收米捌斗捌升壹合叁勺陸抄。秋糧官米貳仟貳石玖升玖合壹勺陸抄陸撮三圭零，民米壹萬壹仟玖佰伍拾伍石壹斗柒升柒合伍勺肆撮。塘課米壹拾肆石捌升捌合柒勺伍抄。魚課米并比附無閏共肆佰壹拾叁石捌升貳合，遇閏年加米叁拾肆石肆斗貳升叁合伍勺，遞年課戶徵納不入通縣官民米條銀內。今届陞科官民塘課米壹拾柒石肆斗肆升貳合叁抄。歲派京庫銀以通縣官米貳仟貳石貳斗貳升玖合柒勺肆抄陸撮，又民米派伍佰貳拾貳石肆斗陸升玖合陸勺柒抄貳撮肆圭陸粟捌粒，每石俱派銀貳錢伍分，該銀陸佰叁拾壹兩壹錢柒分肆釐捌毫伍絲肆忽零，每兩帶徵水脚銀叁分，該銀壹拾捌兩玖錢叁分伍釐貳毫肆絲伍忽零。本府廣積倉本折色米以民米派肆仟陸佰柒拾陸石捌斗玖升捌合陸勺，每石派銀叁錢玖分貳釐，該銀壹仟捌佰叁拾叁兩叁錢肆分肆釐貳毫伍絲。本縣際留倉折色學米叁佰捌拾石壹斗捌合陸勺玖抄陸撮伍圭壹粟，以民米內抽派每石折銀肆錢陸分，該銀壹佰柒拾肆兩捌錢伍分。存留本縣際留倉本折色米壹仟貳佰伍拾陸石壹斗柒升柒合貳勺壹抄叁撮貳圭叁粟肆粒，又派樂民倉本折色米肆仟陸佰捌拾叁石貳斗捌升叁合壹勺陸抄叁撮貳圭陸粟伍粒，俱以民米內抽派，每石派銀叁錢玖分貳釐，該銀貳仟叁佰貳拾捌兩貳錢陸分捌釐肆毫陸絲柒忽伍微捌僉柒沙零。又於夏稅米捌斗捌升壹合叁勺陸抄，每斗派銀肆分貳釐陸毫，該銀叁錢柒分伍釐肆毫伍絲玖忽叁微陸僉。派解司軍餉米肆佰伍拾石叁斗貳升玖合貳勺零。以民米派，每石派銀肆錢叁分玖釐陸毫肆絲玖忽零。該銀貳佰壹拾陸兩，額派均一料銀肆佰壹拾玖兩三錢柒分壹釐肆毫，以通縣官民米派，官米每石派銀壹分陸釐壹毫陸絲陸忽陸微，民米每石派銀叁分貳釐叁毫叁絲三忽零。續派肆司料并續編貢布價銀貳佰玖拾玖兩壹錢捌分陸釐伍毫，以通縣官民米派官米，每石派銀壹分壹釐伍毫叁絲叁忽肆微零。民米每石派銀貳分叁釐陸絲陸忽玖微零。鋪墊並京估料銀柒拾柒兩捌錢叁釐伍毫伍忽伍微零，以通縣官民米派，每石俱派銀伍釐伍毫陸絲捌忽柒微零。增派紫竹、翠毛、梨木等料銀壹拾陸兩玖釐伍毫伍絲肆忽陸微零，以通縣官民米每石俱派銀壹釐壹毫四絲伍忽捌微柒僉零。軍器料銀叁拾叁兩捌分玖釐柒毫伍絲柒忽柒微，以通縣官民米派官米，每石派銀壹釐貳毫叁絲柒忽零肆僉，民米每石派銀貳釐肆毫柒絲肆忽零。總兵廩給並掾史衣資無閏銀肆兩伍錢伍分玖毫陸絲，以通縣官民米派官米，每石派銀壹毫柒絲伍忽玖微玖僉，民米每石派銀叁毫伍絲柒微零，遇閏年另添派。魚課米並比附無閏銀壹佰叁拾兩壹錢貳分捌毫叁絲，以魚課無閏米肆佰壹拾叁石捌升貳合，每石派銀叁錢壹分伍釐，遇閏年照有閏米添派。魚油料並水脚無閏銀陸拾伍兩柒分貳釐叁毫玖絲肆忽，以魚課米每石派銀壹錢伍分柒釐伍毫伍絲伍忽零。遇閏年照閏米添派，俱系課戶辦納，不入通縣條鞭銀內。議增供應稅監銀伍兩捌分肆毫伍絲叁忽零，以通縣民米每石派銀肆毫貳絲肆忽肆微伍僉零。

按：遂溪田賦，據舊志載，萬曆四十一年，各項銀米數目詳之矣，嗣後遞年加徵，備悉于左。

萬曆四十七年，官民田地山塘肆仟壹佰叁拾陸頃肆拾肆畝柒分叁釐肆毫，每畝加派銀叁釐伍毫，通省止派貳釐柒毫，本縣照派該銀壹仟壹佰貳拾貳兩柒錢玖分柒釐貳毫。

萬曆四十八年，又加派叁釐伍毫，旋又加派貳釐，連前每畝共玖釐。通省只派柒釐，本縣照派該銀貳仟玖佰壹拾兩肆錢零肆釐叁毫。

崇禎四年，又加派叁釐，連前共壹分貳釐。通省只派玖釐伍毫，本縣照派該銀叁仟玖佰零壹兩肆錢玖分柒釐壹毫。

崇禎五年，又將前剩數内每畝移派壹釐叁毫，充本省缺額兵餉，本縣照移派該銀伍佰叁拾柒兩柒錢叁分捌釐壹毫，遼餉、粤餉共銀肆仟肆佰叁拾玖兩貳錢貳分伍釐貳毫。

崇禎九年，又將前剩數内派溢地每畝壹釐零叁。本縣照派溢地除前加派外，又該銀肆佰貳拾伍兩捌錢貳分叁釐壹毫，水脚該銀壹拾肆兩肆錢伍分叁釐肆毫。

崇禎十年，又均糧每畝派銀叁釐玖毫，本縣照均糧派銀，除前加派外，又該銀壹仟陸佰兩零柒分貳毫，水脚該銀貳拾兩零玖毫。

崇禎十一年，俱照十年派徵外，均糧止徵壹釐玖毫，該銀捌佰兩零貳分伍釐壹毫，水脚該銀壹拾兩零肆毫。

以上明季因軍興缺餉加徵額數也。

國朝順治十四年，官民田地塘肆仟壹佰叁拾陸頃肆拾肆畝柒分叁釐肆毫，夏税麥地貳拾畝零叁分貳釐。

是年奉豁老荒無徵田地塘貳仟貳佰捌拾貳頃捌拾肆畝零叁釐捌毫叁絲壹忽肆微。夏税麥地貳拾畝零叁分貳釐。實在田地塘壹仟捌佰伍拾叁頃陸拾畝零陸分玖釐伍毫陸絲捌忽陸微。

康熙元年，奉遷熟田地塘伍佰零捌頃陆拾貳畝陸分陸釐肆毫，實在田地塘壹仟叁佰肆拾肆頃玖拾捌畝零叁釐壹毫陸絲捌忽陸微。

康熙二年，報墾田地塘陸拾捌頃貳拾捌畝零捌毫玖絲伍忽捌微貳僉柒沙捌塵肆埃，實在田地塘壹仟肆佰壹拾叁頃貳拾陸畝零肆釐零陸絲肆忽肆微貳僉柒沙捌塵肆埃。

康熙三年，續遷熟田地塘壹仟壹佰頃零貳拾伍畝肆分伍釐壹毫柒絲伍忽貳微，實在田地塘叁佰壹拾叁頃零伍分捌釐捌毫捌絲玖忽貳微貳僉柒沙捌塵肆埃。

是年報墾田地塘伍拾玖頃壹拾陸畝零玖釐捌毫陸絲貳忽叁微。實在田地塘叁佰柒拾貳頃壹拾陸畝陸分捌釐柒毫伍絲壹忽伍微貳僉柒沙捌塵肆埃。

康熙四年，報墾田地塘壹拾玖頃柒拾玖畝柒分貳釐貳毫柒絲貳忽壹微，實在田地塘叁佰玖拾壹頃玖拾陸畝肆分壹釐零貳絲叁忽陸微貳僉柒沙捌塵肆埃。

康熙七年，報墾田地塘壹拾陸頃柒拾捌畝陸分伍釐柒毫玖絲零捌微玖僉，實在田地塘肆佰零捌頃柒拾伍畝零陸釐捌毫壹絲肆忽伍微壹僉柒沙捌塵肆埃。

康熙八年，報墾界外田地塘玖拾貳頃叁拾叁畝柒分零柒毫肆絲壹忽零捌僉零叁塵捌埃。界內田地塘壹拾壹頃捌拾柒畝壹分貳釐玖毫伍絲叁忽柒微捌僉壹沙。實在田地塘伍佰壹拾貳頃玖拾伍畝玖分零伍毫零玖忽叁微柒僉玖沙貳塵貳埃。

康熙九年，報墾田地塘壹拾柒頃捌拾伍畝壹分玖釐肆毫陸絲玖忽柒微柒僉，實在田地塘伍佰叁拾頃零捌拾壹畝零玖釐玖毫柒絲玖忽壹微肆僉玖沙貳塵貳埃。

康熙十年，報墾田地塘叁佰壹拾叁頃柒拾肆畝玖分捌釐陸毫伍絲伍忽，實在田地塘捌佰肆拾肆頃伍拾陸畝零捌釐陸毫叁絲肆忽壹微肆僉玖沙貳塵貳埃。

康熙十一年，報墾田地塘叁拾柒頃零壹分伍釐伍毫伍絲貳忽叁微零壹沙壹塵陸埃，實在田地塘捌佰捌拾壹頃伍拾陸畝貳分肆釐壹毫捌絲陸忽肆微伍僉零叁塵八埃。

康熙十二年，報墾田地塘壹拾叁頃壹拾伍畝捌分壹釐伍毫叁絲壹忽玖微肆僉，實在田地塘捌佰玖拾肆頃柒拾貳畝零伍釐柒毫壹絲捌忽叁微玖僉零叁塵捌埃。

康熙十三年，報墾田地塘壹拾柒頃伍拾叁畝肆分壹釐零叁絲玖忽肆微柒僉零伍塵肆埃肆渺，實在田地塘玖佰壹拾貳頃貳拾伍畝肆分陸釐柒毫伍絲柒忽捌微陸僉零玖塵貳埃肆渺。

康熙二十三年，報墾界外田地塘貳佰零壹頃肆拾壹畝零陸釐肆毫捌絲零捌微，界內田地塘伍頃玖拾玖畝叁分壹釐捌毫伍絲貳忽柒微陸僉，實在田地塘壹仟壹佰壹拾玖頃陸拾伍畝捌分伍釐零玖絲壹忽肆微貳僉零玖塵貳埃肆渺。內伍頃玖拾玖畝叁分壹釐捌毫伍絲貳忽柒微陸僉，奉文於二十九年起徵。

康熙二十四年，報墾田地塘肆拾頃零貳拾肆畝肆分玖釐零柒絲零柒僉。奉文於二十七年起徵。實在田地塘壹仟壹佰伍拾玖頃玖拾畝零叁分肆釐壹毫陸絲壹忽肆微玖僉零玖塵貳埃肆渺。

康熙二十五年，報墾田地塘柒頃壹拾玖畝伍分叁釐貳毫零肆忽陸微貳僉。照例於二十八年起徵。實在田地塘壹仟壹佰陸拾柒頃零玖畝捌分柒釐叁毫陸絲陸忽壹微壹僉零玖塵貳埃肆渺。內除二十三年報墾界內老荒，並二十四、五兩年報墾遷移田地塘，未及年例，尚未起徵外，實在現徵田地塘壹仟壹佰壹拾叁頃陸拾陸畝伍分叁釐貳毫叁絲捌忽陸微陸僉零玖塵貳埃肆渺。應徵糧餉銀叁仟叁佰肆拾貳兩玖錢捌分壹釐壹毫叁絲捌忽，内除奉免贍鹽米銀貳佰貳拾貳兩肆錢陸分陸釐伍毫。實在糧餉銀叁仟壹佰貳拾兩零伍錢壹分肆釐陸毫叁絲捌忽。又徵雕漆溢價銀貳拾壹兩柒錢肆分玖釐貳毫，實在本色米貳佰陸拾玖石肆斗陸升叁合貳勺。

謹按：稅糧迺國家財賦所自出，百姓脂膏所由關，故王事重厚生，八政先食貨，其道莫之易也。遂地當滄桑之餘，田之荒者十有五六。復值遷移，田之荒者十有八九。則邑爲空邑，牧斯土，亦爲虚設焉。雖撫字有心，催科有法，其如人稀地曠何。自康熙八年展界，共墾稅玖百餘頃。嗣奉皇恩，開復東海，宋邑侯招撫流民，捐給牛種，多方勸諭，以家人父子之情慰蒼生霖雨之望。甫四載，復墾稅貳佰伍拾肆頃有奇，上不悮公，下可足民，十年生聚，於此見其大端矣。使後賢君子膺牧民之責者，從此而推廣之，則安上全下，可翘首而待也。安在庶而富，富而教，不再見於遂哉。邑人洪泮洙記。

田賦之貢，自有定制。遂邑荒遷相繼，冊籍不無，亥豕奸豪，因而飛移，以至碔玉難辨，東西易真，增減之弊，堅不可破。宋邑侯嚴加別釐，從前積竇頓爲一清，尤慮日後奸計百出，復將現徵印冊，每圖各發一本，家喻戶曉，遂民始見有天日矣。且使後之君子奉爲典型，批閲之下，瞭若指掌，侯之貽謀，豈淺鮮哉。邑人鄭王尹志。

均平

額銀共玖佰捌拾陸兩陸錢伍分壹釐肆毫肆絲叁忽。

歲辦派數：

拜牌習儀香燭銀伍錢。

文廟及山川社稷春秋二祭，共銀柒拾貳兩壹錢。

祭厲壇三次，共銀壹拾伍兩。

歷日銀貳兩。

迎春土牛祈雨、祈晴、護日月食銀叁兩捌錢壹分貳釐伍毫。

門神桃符銀壹兩肆錢。

鄉飲二次共銀捌兩。

朔望行香講書紙筆銀肆兩。

季考額銀貳拾貳兩。

操練軍兵銀肆兩。

上司經臨，油、燭、柴、炭、米、菜銀肆兩伍分。

夫馬銀叁佰陸拾兩。

孤老布帛鹽柴銀貳拾伍兩捌錢。

額辦派數：

修理各衙門工料銀壹佰壹拾陸兩。

歲考入學花紅銀壹拾陸兩伍錢。

解府學科舉生員銀壹拾貳兩陸錢伍分叁釐貳毫柒絲。

本縣儒學生員科舉銀壹拾肆兩叁錢叁分叁釐叁毫陸絲。

賀舉人旗扁花紅等銀貳兩捌錢陸分陸釐。

起送會試舉人酒席連解府共銀叁兩柒分柒釐。

縣歲貢盤纏花紅等銀叁拾柒兩。

府學歲貢盤纏銀貳拾肆兩陸錢陸分柒釐。

解府支給上司巡歷合用內外班，並迎送官員皂隸工食銀貳拾兩。

府理刑廳轎夫、傘夫銀叁拾陸兩。

查盤、委官、紙劄、油燭、柴炭、門皂等銀叁兩陸錢捌分捌釐。

察院、觀風、考試、生員、卷餅、花紅、紙筆銀壹拾叁兩。

賀新進士旗扁花紅酒席銀壹兩陸錢陸分柒釐。

新官到任合用祭門、豬羊、酒席、執事等銀肆拾肆兩叁錢陸分貳釐陸毫壹絲。

提學道按臨，合用油燭、柴炭、門皂、米菜銀壹兩叁錢捌釐。

分守道油燭銀捌兩。

解海康縣湊支應朝官員酒席造冊工墨答應銀叁兩伍錢正。

應朝回任知縣、典史什物祭門豬羊酒席銀叁兩叁錢陸分陸釐柒毫。

修補知縣轎傘，每年銀貳兩正。

雜辦派數：

雜辦均平銀捌拾兩，凡奉遇接，□□赦香燭官員祭江豬羊，上司經臨駐紮，送辦上程下馬飯等用公費一項，來降彝人稻穀銀貳拾兩正。

除遷荒裁扣外，現存均平銀伍拾柒兩壹錢陸分陸厘玖毫伍絲。內：

拜牌銀壹錢伍分。

迎春銀壹兩壹錢肆分叁釐柒毫伍絲。

春秋二祭銀貳拾壹兩陸錢叁分。

無祀鬼神一年三祭銀肆兩伍錢。

歷日銀陸錢。

鄉飲銀壹兩貳錢。

府議貢生盤纏銀柒兩肆錢零壹毫。

縣歲貢生盤纏銀壹拾壹兩壹錢。

孤貧銀柒兩壹錢陸分零壹毫。

迎宴新舉人銀捌錢伍分玖釐捌毫。

起送會試酒席銀玖錢貳分叁釐壹毫。

新進士旗扁銀伍錢零壹毫。

雜役

額編均徭無閏銀貳仟壹佰叁拾兩玖錢，遇閏加銀壹佰壹拾貳兩壹分伍釐四毫。

布政司及府解戶水脚銀捌拾兩。

守察院司並布、按二司門子叁名，工食銀壹拾兩捌錢，遇閏加銀玖錢。

本府柴馬銀壹佰壹拾貳兩，遇閏加銀玖兩叁錢叁分叁厘肆毫。

本縣各官柴馬銀貳佰陸拾捌兩，遇閏加銀壹拾柒兩玖錢捌分貳釐。

梧州府門驛廪給銀壹拾玖兩伍錢。

分守道門皂工食銀貳拾壹兩陸錢，遇閏加銀壹兩捌錢。

本府並各廳皂隸工食銀壹佰貳拾貳兩肆錢，遇閏加銀壹拾兩貳錢。

門子工食銀柒兩貳錢，遇閏加銀陸錢。

本縣直堂並佐二首領皂隸工食銀壹佰伍拾捌兩肆錢，遇閏加銀壹拾叁兩貳錢。

會試舉人水手銀壹拾貳兩。

儒學齋膳夫門子銀壹佰伍兩陸錢，遇閏加銀捌兩捌錢。

縣直堂門子一名，工食銀柒兩貳錢，遇閏加銀陸錢。

逯遐、通明等處渡夫工食、船價銀壹佰叁拾叁兩捌錢，遇閏加銀捌兩肆錢。

際留、樂民二倉斗級工食、紙劄銀叁拾叁兩陸錢，遇閏加銀壹兩捌錢。

鋪兵工食並鑼旗等銀肆佰叁拾陸兩貳錢，遇閏加銀叁拾陸兩。

禁子工食刑具銀肆拾肆兩捌錢，遇閏加銀貳兩肆錢。

扣減、存留、充餉、弓兵工食銀壹佰伍拾壹兩貳錢。

裁革充餉銀肆佰陸兩陸錢正。

額編民壯銀壹仟捌佰柒拾陸兩，遇閏加銀壹佰貳兩。

守城民壯壹佰貳拾叁名，每名銀柒兩貳錢。

總哨一名，銀壹拾肆兩肆錢，共銀玖佰兩，遇閏加銀柒拾伍兩。

雜差民壯伍拾肆名，每名銀陸兩，共銀叁佰貳拾肆兩，遇閏加銀貳拾柒兩。

解府充餉銀陸佰伍拾貳兩正。

除遷荒裁扣外，共現徵銀壹仟零玖拾伍兩玖錢伍分陸厘陸毫捌絲肆忽，遇閏加銀壹拾壹兩陸錢叁分零捌毫叁絲陸忽。備支府縣官役俸食等項用，內：

本府知府俸銀壹佰零伍兩。遇閏加銀捌兩柒錢伍分，閏銀荒遷無徵。

各役工食銀壹佰玖拾柒兩壹錢肆分捌釐柒毫貳絲捌忽零陸僉伍沙肆塵肆埃。遇閏加銀壹拾陸兩肆錢貳分玖釐零陸絲零陸微柒僉貳沙壹塵貳埃，閏銀荒遷無徵。

本縣知縣俸銀肆拾伍兩。遇閏加銀叁兩柒錢伍分，閏銀荒遷無徵。

各役工食銀貳佰壹拾玖兩捌錢陸分肆釐壹毫捌絲捌忽。遇閏加銀壹拾捌兩叁錢貳分貳釐零壹絲伍忽陸微陸僉陸沙。

除荒遷外，遇閏止加銀伍兩陸錢壹分玖釐肆毫貳絲伍忽。

經歷俸銀肆拾兩。遇閏加銀叁兩叁錢叁分叁釐叁毫叁絲叁忽叁微叁纖叁沙，閏銀荒遷無徵。

各役工食銀貳拾玖兩零壹釐玖毫叁絲貳忽貳微零玖塵貳埃。遇閏加銀貳兩肆錢壹分陸釐捌毫貳絲柒忽陸微捌纖叁沙肆塵壹埃，閏銀荒遷無徵。

司獄俸銀叁拾壹兩伍錢貳分。遇閏加銀貳兩陸錢貳分陸釐陸毫陸絲陸忽陸微陸纖陸沙，閏銀荒遷無徵。

各役工食銀玖兩陸錢陸分柒釐叁毫壹絲零柒微叁纖叁沙陸塵肆埃。遇閏加銀捌錢零伍釐陸毫零玖忽貳微貳纖柒沙捌塵零叁渺陸漠，閏銀荒遷無徵。

典史俸銀叁拾壹兩伍錢貳分。遇閏加銀貳兩陸錢貳分陸釐陸毫陸絲陸忽陸微陸纖陸沙，閏銀荒遷無徵。

各役工食銀陸兩壹錢伍分柒釐。遇閏加銀伍錢壹分叁釐零捌絲叁忽叁微叁纖叁沙，閏銀荒遷無徵。

湛川司巡檢俸銀叁拾壹兩伍錢貳分。遇閏加銀貳兩陸錢貳分陸釐陸毫陸絲陸忽陸微陸纖陸沙，閏銀荒遷無徵。

各役工食銀叁兩陸錢肆分伍釐。遇閏加銀叁錢零叁釐柒毫伍絲，閏銀荒遷無徵。

儒學教諭、訓導共俸銀叁拾壹兩伍錢貳分。遇閏加銀貳兩陸錢貳分陸釐陸毫陸絲陸忽陸微陸纖陸沙，閏銀荒遷無徵。

齋夫門子工食銀壹拾陸兩伍錢叁分柒釐柒毫貳絲柒忽。遇閏加銀壹兩叁錢柒分捌釐壹毫肆絲叁忽玖微壹纖陸沙陸塵陸埃，閏銀荒遷無徵。

膳夫工食銀壹拾貳兩貳錢柒分柒釐陸毫柒絲貳忽。遇閏加銀壹兩零貳分叁釐壹毫叁絲玖忽叁微叁纖叁沙，閏銀荒遷無徵。

鋪兵工食銀貳佰壹拾叁兩伍錢柒分柒釐壹毫貳絲陸忽。遇閏原額加銀叁拾兩。除荒遷外，遇閏止加銀陸兩零壹分壹釐肆毫壹絲壹忽。

廩生餼糧銀肆拾捌兩。

解戶水脚銀貳拾肆兩。康熙二十三年，奉文造入存留，每歲解司聽其支給。

謹按：廩食之設由來舊矣。蓋廩以養廉，俸祿不無差等者，昭職分也。食以酹工，故府史胥徒則唯按工給食，而復繩之以法，示勸懲也。何其體臣之厚、御役之公乎？乃以軍需孔亟，槩爲裁減，此亦一時權宜之計耳。然而服官膺士者，咸知冰檗自持，無貽覆餗。獨是遂邑疊罹荒遷，煢煢役子，俯仰所資，或有什不復三者，甚有全裁無支者，是遂之地荒，而役亦荒矣。今□公上臺，加意撫循，宋邑侯實心招墾，將見芃苗穰野，煙火聯光，服役公家者何憂乎？饔飧不繼，望北門而興歎哉。

驛傳

縣額銀伍佰壹拾兩捌錢肆分叁釐柒毫柒絲貳忽。桐油驛支銀貳佰貳拾陸兩柒錢伍分貳釐，城月驛支銀壹佰叁拾肆兩柒錢柒分伍釐伍毫，解府充餉銀壹佰肆拾玖兩叁錢壹分陸釐貳毫柒絲貳忽。

國朝順治十四年，奉頒全書，除節裁充餉外，尚銀壹佰捌拾肆兩捌錢陸分肆釐柒毫陸絲，遇閏加銀叁兩壹錢伍分。內城月驛支銀陸拾貳兩叁錢玖分叁釐，桐油驛支銀壹佰零肆兩玖錢柒分壹釐柒毫陸絲。議增城月、桐油二驛添雇夫馬銀壹拾柒兩伍錢，遇閏加銀叁兩壹錢伍分。

康熙十一年，留支驛傳銀。內除原荒遷銀伍拾捌兩叁錢零肆釐貳毫柒絲肆忽，閏銀玖錢肆分玖釐叁毫伍絲叁忽。續遷銀壹佰貳拾貳兩玖錢陸分肆釐肆毫零柒忽，閏銀壹兩柒錢壹分肆釐柒毫柒絲伍忽。

實留支銀叁兩伍錢玖分陸釐零柒絲玖忽，遇閏加銀肆錢捌分伍釐捌毫柒絲貳忽。如有不敷，詳撥海康縣協濟。

鹽課

縣原額蠶村調樓東西二場鹽丁捌佰肆拾肆丁半，鹽課銀陸佰玖拾壹兩叁錢零壹釐，內除撥海康縣徵銀貳佰壹拾兩零伍分叁釐貳毫，又除撥徐聞縣徵銀叁拾捌兩柒錢肆分伍釐外，尚銀肆佰肆拾貳兩伍錢零貳釐捌毫。又附載行鹽引餉銀壹佰貳拾伍兩，全遷無徵。業經題豁訖，續奉文展界，自康熙八年展界，招復鹽丁肆拾壹丁，實徵課銀貳拾陸兩肆錢零叁釐玖毫玖絲貳忽零貳僉，餉銀捌兩陸錢玖分伍釐捌毫正。

康熙十年，招復鹽丁捌丁，實徵課銀肆兩玖錢伍分零柒毫肆絲捌忽陸微柒僉，餉銀壹兩伍錢玖分正。

康熙十二年，招復鹽丁貳丁，實徵課銀壹兩肆錢壹分肆釐肆毫玖絲玖忽肆微陸僉捌沙正，餉銀肆錢玖分壹釐柒毫貳絲正。

康熙二十年，招復鹽丁壹拾伍丁，實徵課銀玖兩陸錢陸分伍釐柒毫肆絲柒忽零柒僉肆沙正，餉銀叁兩壹錢捌分肆釐肆毫陸絲正。

康熙二十四年，招復鹽丁叁拾肆丁，實徵課銀壹拾玖兩叁錢叁分壹釐肆毫玖絲陸忽貳微柒僉陸沙，餉銀伍兩捌錢肆分貳釐零肆絲正。

康熙二十六年，招復鹽丁柒丁，實徵課銀肆兩零柒釐柒毫肆絲玖忽貳微，餉銀壹兩貳錢壹分柒釐伍毫捌絲正。

通共實徵課銀陸拾伍兩柒錢柒分肆釐貳毫叁絲貳忽柒微零捌沙，餉銀貳拾壹兩零貳分壹釐陸毫正。

康熙二十二年，商引缺額計勈，增餉銀肆拾伍兩貳錢捌分柒釐肆毫捌絲正。

魚課

額編魚課米肆佰壹拾叁石零捌升貳合，每石歲徵課銀叁錢壹分伍釐，油料銀壹錢伍分柒釐伍毫貳絲玖忽，共徵課料銀壹佰玖拾伍兩壹錢玖分叁釐貳毫，遇閏每石加銀叁分，共閏銀壹拾貳兩三錢玖分貳釐伍毫貳絲。於康熙元年奉遷全荒除豁無徵。

康熙二十三年，開海，招復課米壹佰零肆石，徵銀肆拾玖兩壹錢肆分叁釐零壹絲陸忽，內課銀三十二兩柒錢陸分，油料銀壹拾陸兩叁錢捌分叁釐零壹絲陸忽，遇閏加銀叁兩壹錢貳分。

康熙二十五年冬季，招復各埠課戶墾復課米肆拾伍石玖斗一升，內課銀壹拾肆兩肆錢陸分壹釐陸毫伍絲，料銀柒兩貳錢叁分貳釐壹毫伍絲陸忽叁微玖僉，遇閏加銀壹兩叁錢柒分柒釐叁毫。

山坡税

額徵山坡税銀伍拾壹兩，久荒無徵。

康熙八年，徵復銀肆拾壹兩，尚荒銀壹拾兩，現在招墾冊報。

牛税

縣額牛税肆拾兩，遞年徵解本府充餉。

南工匠

額編南工匠貳拾伍名，每名連水脚共銀肆錢伍分叁釐陸毫，有閏連水脚共銀肆銀〔二〕玖分壹釐肆毫。該徵銀壹拾壹兩貳錢，水脚銀玖分，遇閏加銀玖錢叁分柒釐伍毫，水脚銀柒釐伍毫。

〔二〕銀，當爲『錢』。

經紀

康熙十九年，奉文開報經紀叁名，照下則例，每名歲徵餉銀貳兩正。

康熙二十一年，奉文續報經紀肆名，照下則例，每名徵銀貳兩正。共柒名，實徵銀壹拾肆兩正。

學校志　縣學　祭器　學田　義學　書院

□□掌邦教、敷五典、□兆民，古制也。辟雍之典盛於周京，秦漢以下倣而行之。余遂自鼎革以來，兵燹相仍，衣食不足，禮義未興。今時際升平，正既富方穀之日，國有國學，鄉有鄉學，名雖異而明倫則一，於以尊師崇道□作士類，鄒魯之風復見於今日矣。作學校志。

縣學

縣儒學自宋始建，在縣西郭，地卑而濕。乾道四年，遷於縣旁，制仍狹隘。寶慶元年，再遷縣西登俊坊。元因之。皇慶元年，教諭周孔孫重修。明洪武三年，知縣王淵、縣丞諸道宏仍其舊，而創新之前戟門、欞星門，復明倫堂，設兩齋於堂之左右。扁其左曰『日新』，右曰『時習』。廚廩廨舍悉備。洪武十七年，縣丞鄧義、教諭謝敬從以堂齋逼殿，卑陋弗稱，遂遷於縣西北。洪武二十年，教諭陶文實重修，改東西二齋。扁曰『尊德』，□曰『道問』。設射圃於明倫堂後，規制始備，歲久圮壞。成化間，知縣楊徹修，龔彝重修。弘治間，知縣劉玉又□而拓之，仍建兩廡、兩齋、櫺星門、戟門，籩豆、簠簋、罍爵之屬咸備。正德八年，通判楊雲重建儀門。正德十年，提學副使章拯視學頹廢，謀於知府王秉良，重建大成殿暨兩戟門、櫺星門，尋又建明倫堂及兩齋房、儀門諸舍，繼而復壞。嘉靖四年，知府楊榛移建明倫堂於殿後，暨兩齋耳門、儀門。嘉靖十六年，知縣鄧恕重建會膳堂、號舍諸屋，未幾，復壞。嘉靖二十年，知縣班佩修。二十四年，知縣張天敘重修。隆慶五年，知縣杜仲修，并建戟門，工未就而去。萬曆元年，知縣陳學益始畢前工。萬曆十一年，知縣盧應瑜改鄉賢、名宦二祠於殿西。

檢討鄧宗齡記

古者良吏有德於民，民爲建祠，歲時俎豆不絕。鄉士夫歿，則祭於社，所以爲明質也，以示勸也。遂邑僻在海陬，多闕典，至名宦、鄉賢祠，曠然不舉。邑令盧君來牧茲土，謁學校，低迴者久之。曰：某待罪下邑，而使先大夫勛伐不彰，賢士君子聲稱不著，汶汶湮沒，不得比於畏壘之爲庚桑也者，何以報之。面規來祀，某甚懼焉，乃遍謀於博士弟子，惟是博士弟子因舉名宦李綱忠定公等五人，鄉賢吳公正卿等四人，以請盧君上其事於當道。當道曰：祀典慎重哉，非以勞定國勿舉，非仁義教化勿舉，非聲宏月旦勿舉。盧公因而咨詢長老，稽覽郡乘，公議鄉評若出一口，乃敢具狀以請。於是以李忠定公綱、王公淵、張公天敘、鄭公遂、白公若金五人祀名宦。吳公正卿、陳公貞豫、彭公哽、王公吉祀鄉賢。當道可其議，檄邑鳩工，庀材購地創祠。盧君奉令惟謹。時擇地於啓聖公祠前，地卑隘，盧君捐俸金易地益之，廟宇巋然鼎新。乃擇日奉主住。盧君率官屬博士弟子行禮祠下，而屬不佞齡記其事。

夫忠定公以元勳碩輔流寓嶺表海尻，車輶所至，何不可爲俎豆，地固以公重哉。

王公從事於天昧草創，爲遂邑計長久，置衙舍，立學宮，安集流移。已而較籍定賦，課農問桑，修築塘陂，以廣灌溉，民甚利焉。

張公天敍，以儒術潤色吏治，歲時延見庠士，娓娓論説經藝不休，又開館舍舍之，士斌斌向於教化，興於行誼，張公之教也。鄭公遂以典幕至，時海潮沖決，圩堤就圮，千頃幾淪龍窟。公力任其事，走風濤激浪中，督楗木竹石以障鹹潮，萬家桑麻無恙。又開通衢、濬水道便民，貧者捐俸具牛種佐耕，而巡行阡陌以教稼穡，吏民甚愛敬，相與詠歌其德。今兒孫相繼膴仕，人以爲善報云。白公若金者，禔身清肅，務以道淑世，世子無敢以餽及門，貧者推衣食佐之，士樂循循善誘，而誦義無已。鄉賢吳公正卿受平湖書院山長，歷知南寧事，所至見思。俸錢自奉親外，悉以周族黨，家無羨。金元統爲合浦臨桂令，當事文章盡爲風憲。陳公貞豫以鄉舉爲直指持，風裁凜凜，多匡時略，奏建横山營堡，兩邑賴之。彭公哽司理南安，宅心寬恕，挹衡平反，民不稱冤。尋擢留守司寇，即解綬歸，里中推陰德云。王公吉以太學生爲溫州別駕，擢丞柳州，恤災捍患，有保障功，民祠祀不衰，擢延平守歸。嗟乎，士當日而敷政，尚未厭乎人心，平居而操行，或不滿於衆口，況其遺思甘棠欣慕姱修於世代緜邈之餘。耳目覩記之外，其人良有所當，非苟而已也。語曰：鄙人何知饗其用爲有德，豈虛言哉。史稱吏治莫盛於漢，而當時所立冢奉祀者，自文召朱龔數君子外無聞也。此於二千石得一切便宜從事，位尊而惠易下達。鄭公一渺然典幕耳，乃克表見，享有令名，蓋誠有足多者。遂自先朝以來，豈乏科第，而王公起家太學，所在著聲，士亦在所自樹耳。余悲世俗拘攣，猥以資格相摧阻，故特表二公之節以爲世勸云。盧君雅有善政，乃克舉曠典以闡休光，甚盛事也。例得并書焉。

萬曆十七年，知縣陳庭詩、教諭葉觀光同修聖殿東隅，建儀門并啓聖祠。萬曆三十二年，推官高維岳、知縣袁時選重建殿廡暨新聖賢神像。

書王宏誨記

遂溪據雷上遊，爲出入孔道，學即在縣治之西。司理高公署郡之明年，是爲萬曆三十二年春也。公過遂溪，熟視孔廟圮壞狀，低徊良久，顧博士弟子員曰：夫聖師且無寧宇，烏在其有專學也。其亟圖之。

先是，遂溪有饋公夫馬例，公曰：奚爲至我哉，麾之近名，受之近利。於是盡捐之學，以爲庀材資。而猶虞不足也，又捐羨佐之，前後得七十餘金。於是起工於三十二年春，告成于季秋九月。爲正殿若干楹，東廡若干楹，西廡若干楹，啟聖祠若干楹，欞星三大門戶牖聖像諸賢神主若干座。斯役也，舉於頹敗之後，故其謀難於始，而其力倍於創。博士徐君夢熊、王君夢陽，實奉公命董其事，矻矻不遑寢處，用是革故鼎新，煥然改觀矣。師弟樂睹厥成，不忘所自，互相慶曰：吾輩獲奉先師之靈，托其宇下，庇我文脈，光我士風，則竹頭木屑靡非公賜也，不可不記。於是博士王君夢陽率諸生走問不佞，不佞曰是可記矣。遂溪夙有古風，故其爲學亦鑿鑿如古。起宋乾道，歷數百年，其中建立代不乏人，惟公加意學校，用心聖賢，非流俗可規萬一，復檄諸生親閱之。且曰，榱題易蠹而戶樞不壞，何也？則用不用之故也。故常修無敗屋，常習無敗學，皆是道也。子歸而求之有餘師，以故遂邑之宮牆益高，遂溪之士子益奮，振藻抽思，蜚英騰茂，可指日待也。公之所造大矣。公名維岳，宣城人，由癸酉鄉舉初得今官，其承委督工，則主簿劉士元也。例得並書。

崇禎九年，郡守朱敬衡、遂溪縣知縣陳時瑞重修學宮。十二年，毀於颶風，知縣愼思永重建聖殿、明倫堂、東西廡及啟聖鄉賢祠。

國朝順治十七年，知縣馬光遠重修聖殿兩廡及儀門。其明倫堂、啟聖鄉賢名宦祠，今俱傾圮。

海北南道參議秦鉽記

歐陽子有言，人才盛衰，視乎學之興廢。學也者，所以興禮義、美教化，俾邑之俊秀於聖賢矩薙之中，而長欲造就焉，誠不可一日廢也。肇雷於天下爲極南，遂溪爲屬邑，雖僻在裔境而漸被日久，聲名文物幾埒中土。自邇者數年以來，運逢鼎革，萑苻乘間竊發，蹂躪最甚，詩書之氣或幾乎熄。歲在戊戌，天子誕敷文德已十有五年，聲教始通，雷士始得觀光上國，而邑人洪君垂萬，遂以尚書雋，於是雷陽多士咸蒸蒸慕興矣。

時余適奉璽書參藩茲土，行及高凉，則學使者方歲校雷士諸生數人，趨謁道左，短衣芒𪎭，菜色堪憐，余睹之而歎有是哉。蛇豕載塗，鳳麟失色，使我弟子員一至此極也。然饑寒之不恤，猶能摻觚糜招帖以從事，又足喜已。及驅車過遂，則滿城瓦礫，遍野蒿萊，問泮水一宮，鞠爲茂草久矣。余齊年馬君爲邑令，以修復爲己任，而謀之於余。余曰，是餘之志也。夫雖然，難何難也？鳩工庀材，財懼太傷，民懼太勞也。且今者門有羅雀，遂之吏則然。家無斗筲，遂之士則然。寇盜縱橫，或執戈在野，輪蹄絡繹，或負擔在途，遂之民則又有然，誰其任是。既而思之，自馬君下車來，流亡以集，疾苦以除，邑子弟之登琴堂而問業者日益衆，乃觀瞻之無地，講習之無資，其何以慰此都人士之望，以仰副聖天子豈弟作人之意哉。

則斯舉也，時雖詘又烏可以已爰爲之。進諸薦紳先生而告之曰：斯地也，非子之所幼學於斯、壯行於斯者乎？進諸子衿而告之曰：斯地也，非子之所敬業于斯、樂群於斯者乎？進諸父老子弟而告之曰：斯地也，非子之所齒讓於斯、觀摩於斯者乎？其各視巧心、視乃力，經始有期落成，可望他日者將見人才輩出，爲邦家之光，爲里閭之榮，其在斯乎，其在斯乎？抑詩有之：『翩彼飛鴞，集于泮林，食我桑黮，懷我好音。』今遂之人其猶有鴆形而鷹目者乎。余將于斯學之成有厚望焉。

康熙二十三年，知縣宋國用重修聖殿兩廡、櫺星、戟門、儀門，建啓聖公鄉賢名宦祠，設齋舍。

知縣宋國用修建文廟碑記

粵東距文教雖遠，而名公鉅儒，代不乏人。雷處天末，其間鄧林蔚起，不讓中土，是知賢豪不擇地生也。然而發祥之基必自黌序始。遂邑地高而風烈，氣躁土疏，即有隆棟堅牖，或被颶發，或受鬱蒸，非傾則腐耳。我世祖十有七年，前令馬公奮然修葺殿廡儀戟等處，丹臒塗茨，煥新耳目，不旋踵而萑苻告警，蹂躪遍郊，學宮鞠爲茂草矣。癸亥孟秋，予來涖茲土，首謁文廟，見其宮牆瓦礫，座位星移，慨然欲與更始，而適狃於時艱，暫爲中止。甲子冬，請命于監司程公、刺史沈公、郡司馬竇公。僉曰：今天子崇尚文教，登闕里，舉釋奠，書額設官，爲古今所不一覯。且念及外省遐壤，勵修澤宮懸紀勳，增秩之令以爲諸有司，勸吾輩身膺聖訓，聽其頹焉自廢，其恥已甚。於是交相勸勉，倡爲捐輸，命予鳩工庀材，擇人督理，予不敢辭。然力綿未逮，諸如鱣堂宿儒，尉巡屬員以暨紳士，莫不相助以從。而棟樑埏埴，邑無出產，不得不借資於他山別土，倍費無資，遂經始於是歲季冬，落成於乙丑夏季朔日。若儀戟門，若櫺星門，仍舊貫而重葺者也。若啓聖祠兩廡，若名宦鄉賢祠，若齋舍，聿爲新創者也。非上臺之倡，率同志之贊襄，其孰能與於斯。至區畫位置，踵事增華，予雖有微勞，亦復何有焉。詎意成功甫奏，封姨作祟，從前之工程幾同蔓草。不憚卒瘏，不惜罄囊，期無負各上臺暨同事之夙志。幸在今歲臘月告竣。是役也，無糜公帑，無傷民財。假令非吾夫子默祐，斯邑將欲振起人才，爲邦國光，烏克迅速若是哉。予喜而爲之記。

儒學訓導莫光斗記

文廟之傾頹也，兵燹而後，所在皆然，而惟遂邑則實甚。予自壬戌秋初叨調斯邑，視廟廡而心傷，念宮祠而神黯。若聖像則垢塵，若四配則露處，若啓聖、若名宦、若鄉賢，則舊址無存，齋舍蔑如也。時棲身無所，將茅茨補葺，東西廡儀戟門，聊爲爰居計，余屢懇朱父母請修建。彼見工程浩繁，有志未逮。洎甲子冬，賴我宋□臺尊師重學，蠲吉建修，毅然自任，於是捐俸鳩工，不糜公帑，不傷民力，卜築於甲子仲冬，落成於乙丑臘月。計重修期，聖殿兩廡儀戟櫺星計鼎建，則啟聖、名宦、鄉賢齋舍中間幾經風雨，修建不啻再三。設非公誠心堅志，鮮不中衰而功虧者矣。乃是秋七月初三，颶風暴作，殿宇、廡門、宮祠、垣墉伴波倒塌。公志且益堅，連工營造，竊謂有志竟成也。詎意八月初七夜，風大作，飛瓦走石，聖殿東偏西廡齋舍□桷，所存無幾。戟門西廂垣頹，灰瓦盡飛，宮祠全倒。期時也，未嘗不憤封姨之作祟，詎知歷試諸艱，正以顯我公之毅力也。余方惴惴，懼不克奏績，而公志無倦。勤罄襞庀材，務以刻竣爲快。迨季冬，而適觀厥成矣。嗚呼，此二役也，經幾風雨漂搖，使非公誠，無□金石爲心，何以使殿宇嵯峨，輝雲而映日。宮祠高□，肅視而改觀，余獲借枝安堵，皆公之貽也。余日親其事，敢不簪筆而畧記，俾萬世庸功，湮沒無傳，不益重余之罪也哉！謹記。

康熙二十五年，奉懸御書『萬世師表』扁額於學宮。

祭器

銅簠。肆拾叁個。

銅簋。肆拾肆個。

銅籩。壹佰捌拾肆個。

銅爵。叁拾捌個。

銅豆。壹佰捌拾肆個。

錫湯碗。陸個。

錫血盤。捌個。

錫酒罇。貳個。

鐵花瓶。貳個。

磁湯碗。伍個。

帛盒。陸個。

祭器櫃。壹個。

鐵杏案。重壹佰什觔，康熙二十六年教諭陳繼度捐俸置。

錫爵。貳拾個，康熙二十六年教諭陳繼度捐俸置。

明知縣劉玉記

余於弘治八年來官斯邑，見廟宇傾頹，及祭器陳朽，竊自引咎。於是自戟門、儀門、齋廡、廨宇等房悉高大而維新之。籩、豆、簠、簋、罍、爵之器皆撤舊而重置之。前此門宇多苟多畧，今則悉易以勁級之材。前此祭器以缶以木，今則悉鑄以銅器之美。規制煥然一新。既落成，刻石以記，蓋議□修制之顯，未冀後之君子加夫輯熙之功云。

文廟祭品

羊二。每隻重肆拾斤。

豕六。每隻重壹佰斤。

鹿一。重陸拾斤。
兔一。羊代，重肆拾斤。
黍。肆斗。
稷。肆斗。
稻。肆斗。
粱。肆斗。
棗子。貳拾伍斤。
栗。貳拾伍斤。
榛。伍斤。
菱。伍斤。
芡。伍斤。
鹽。貳拾伍斤。
蒸魚。拾伍斤。
韭菹。貳拾斤。
菁菹。貳拾斤。
芹菹。貳拾斤。

筍菹。貳拾斤。
酰醢。拾斤。
兔醢。拾斤。
魚醢。拾斤。
帛。玖段。
香。粗細各貳拾斤。
燭。□燭貳對，上燭拾伍對，中燭陸拾對，下燭柒拾對。
酒。陸埕。

啓聖祠祭品

羊二。每隻重肆拾斤。
豕二。每隻重壹佰斤。
帛。二段。
藁魚。貳斤。
鏀鹽。貳斤。
棗子。貳斤。

黍。伍升。
稷。伍升。
稻。伍升。
粱。伍升。
栗。貳斤。
青菹。貳斤。
笋菹。貳斤。
芹菹。貳斤。
韭菹。貳斤。
香。粗細各□斤。
燭。上燭貳對，中燭陸對，下燭拾對。
酒。貳埕。

書籍

四書。一部，九本。
詩經。一部，六本。

書經。一部，六本。
易經。一部，六本。
禮記。一部，八本。
春秋。一部，四本。
禮樂書。一部，六本。
論語外篇。四本。
世編古文。共四十八本。

學田

蘇連田捌畝。租穀捌石。
白沙水田壹拾叁畝貳分。租穀壹拾叁石貳斗。
陶狗田柒畝。租銀柒錢。

王景贤记

至元六年，邑民陳藺卿□入學，仆碑占田爲己物，又轉售之鄧子光，同惡相濟。至正元年，本道廉副按臨茲邑，文學掾陳國順具實以聞，即督邑令劉仁□□□□退田，□□田方復歸於學。是爲記。

周孔孫學田記

海濱之邑多曠土荒野，東南十餘里，地名那頓射。旱田一局，公私無涉，力農墾耕成田。鄧萬英圖爲業，包買陳益宗田於其南，稅止□文，改二坵爲二段而併吞之。陳蘭卿素知鄧之冒食。政和戊辰，復求吳應丙處田於其北，承稅僅八文，越南至車路小江，廣包巧計而奪之。陳訟於邑，鄧訟於郡，委縣尹孫從仕職問。於是履畝正界，勘契驗實，厘析陳、鄧所置之田，各招准安業外，新墾田計種三十余石。東至嶺脊，西至大江，接連小江，南至鄧萬英買陳益宗那頓射並鄧元鳳等，北至陳蘭卿買吳應丙那頓射荒田，車路小江爲界，未墾之田陂暨塘皆在焉。東抵西三百余丈，南距北五百餘丈，盡沒於官。時會僉憲張公亞中偕掾陳時成愷分按議，給前田贍學。縣尹孫逢辰欣然行命，典史胡謙力於贊成，命教諭殷槐卿募佃派租，歲不止百石，計學之廩視皆綽如也。士既得其養矣，尤當加琢磨以養其志，以應科舉之明詔，毋但爲養身之計，抑當毋忘乎養士之。當道曰：養士者誰，僉憲是也。天順年壬申冬月記。

以上三條田多遺失，坵段互異，稅畝亦殊，姑存之以備查覆，今開現墾學田於後。

一土名白沙水、白水塘二處，載稅肆畝肆分捌釐正。

一土名蔴連東洋陶□二處，載稅壹畝玖分伍釐陸毫正。

以上二條遞年止納官條，除免雜項差徭外，歲解學道租銀叁兩貳錢貳分正。

學鋪地

一學前右邊學鋪二間，賦稅貳分正，歲解學道租銀肆錢正。

一項答應聖宮燈油西門附郭□豆村鄉民□萬韜等，每年送穀壹拾肆石供備油資，免□□人雜差。

一學後地一所，東至縣衙，南至學，西至路北□横街。

義學三

曰城西。在縣右後西北隅。成化十四年，提學僉憲趙□按臨，移文本縣建之，命子弟講習其中，今圮，地爲民居。府志、通志作社學，誤。

曰城内。知縣宋國用奉建，延師即學，宮内設帳，歲給束脩銀貳拾兩，在城子弟便之。

曰東關外。知縣宋國用奉建，瓦屋一座，兩廊，延師設帳，歲給束脩銀貳拾兩，附城子弟便之。

社學九

曰東海鄉。久廢，現議修復。

曰通明鄉。久廢，現議修復。

曰調熟鄉。久廢，現議修復。

曰城月坊。久廢，現議修復。

曰北關外。久廢，現議修復。

曰平樂鄉。久廢，現議修復。

以上六處社學，府志缺載，考通志而知之，度必有所自來也，姑存其蹟焉。
曰湖光巖。知縣宋國用奉建，瓦屋一座，兩廊，延師設帳，歲給束脩銀貳拾兩。舊縣平樂□社以及東海子弟便之。
曰城月驛。知縣宋國用奉建，瓦屋五間，延師設帳，歲給束脩銀貳拾兩。新安、西坡諸社子弟便之。
曰樸澤村。知縣宋國用奉建，瓦屋五間，延師設帳，歲給束脩銀貳拾兩。馮村、小山諸社子弟便之。

儒學教諭陳繼度記

國家人材産之自天，而成之恒藉於教。至其所以廣風厲而宏造就者，則惟良有司是賴焉。稽古，家有塾、黨有庠、術有序、國有學，凡以重其教之地也。昔韓昌黎刺史潮州，請置鄉校，以趙□爲之師，而潮州人知趨學。胡定安設教湖州，爲經義、治事二齋，而湖州人文由是蔚起。大都教原諸上，化行自下，必有甚者。遂邑介處嶺末，頗稱僻壤，然邇來家戶□□，較昔爲盛，□非聖天子，文教翔洽，無遠弗届乎？邑令宋公承牧斯土，加意學校，捐俸□□修餙，文廟□令宮□規模，釐然具舉，更念單寒之子發憤無藉，因慨然以作育爲己任，爰於城郭置義學二，鄉落置社學三，歲具束脯，延師講藝，俾四方學者，咸得習業其中。斯其所以牖掖陶成者，□良意□異日德造成，於是焉卜之矣，抑予更有進者。遂邑屢經兵燹，重以昔年徙邊遷□，只今哀鴻甫集，而諸士多苦食貧，因思遂去省會，相距不下千余里，往返之際，乘舟登輂，動用浩繁，每當大比，士多困於資斧，趦趄不前，無由觀光致□□足可勝歎哉。擬欲設處，建置別業，歲收財積□□科期少供旅費一二，藉是勸駕以寓鼓勵，殆□與設義學、社學互相表里也。是又望於賢令，曁諸縉紳雅意建議，舉而行之，予亦樂得其勷厥成矣。

書院二

文明書院。在縣西南八都樂民所城內。宋元符庚辰，蘇公軾南遷，由儋徙廉，道經興村，宿淨行院。四顧山川，謂鄉民陳夢英曰：斯地景勝，當有文明之祥。既去月餘，瑞芝生其地。諸儒遂即其地連〔一〕書院，扁曰『文明』。宋末毀於兵。元泰定甲子，提舉盧讓復建，未就而去。至順辛未，彭從龍重修殿堂齋廡，立山長，置學田，春秋祭禮咸備。元淩光謙記。歲久傾圮，遺址爲軍營所侵。

起秀書院。在察院司街左邊，舊有崇文書院。萬曆初改行臺院，遂廢。甲寅秋，知縣歐陽豪捐俸買民陳御箴房一所，南北兩廊，前闢三門，通甬道，右濬荷池，建亭於上。群庠士肄業於內，定課講業。推官歐陽保見而嘉之，題曰起秀書院，今廢。

謹按：學校之設，昉於三代。庠、序、校有異名，而明倫則一。遂兵燹瀕年，子衿寥寥，學宮鞠爲茂草，邇來漸被聖化，士子始知學而習絃誦，孝弟忠信之所由起也。伏蒙聖天子誕敷文教，舉直省膠庠而鼎新之，扁曰『萬世師表』，其尊師重道，軼秦漢而繼三代矣。縣令宋上體朝廷德意，建義學五處，集四方之俊秀而肄業之，教孝弟、明禮義，則人心以正，風俗以醇，鄒魯之文學再見於茲。昔文翁化蜀，蠶叢鳥道之鄉，皆知教化，其即此也夫。洪泮洙記。

〔一〕『連』誤，當爲『建』。

秩祀志　廟　祠　閣　壇

國之大事，莫重於祀典，凡有一邑，則有一邑之山川社稷以主之，民生之災祥，國計之安危，惟神是問。至於捍災禦患，迪斯民於吉康者，百神之呵護，實式憑焉。故壇壝有設，祠廟有建，俎豆以享之，不諂不瀆，歲時無缺典。聖人以神道設教，無踰於此。作秩祀志。

廟

文廟。歷代建置詳見學校，茲錄嘉靖後祀典。嘉靖九年，肅皇帝從輔臣敬孚議，作《正孔子祀典說》，改「大成至聖文宣王」爲「至聖先師孔子」。四配爲復聖顔子、宗聖曾子、述聖子思子、亞聖孟子。從祀及門弟子稱先賢，左丘明以下稱先儒，去塑像，設木主，罷公侯伯諸封爵，申黨、申棖二人存棖，公伯寮、秦冉、顔何、荀況、戴聖、劉向、賈逵、馬融、何休、王肅、王弼、杜預、吴澄十三人俱罷祀，林放、蘧伯玉、鄭衆、盧植、鄭玄、服虔、范甯七人祀於其鄉，進後蒼、王通、胡瑗、歐陽修從祀。又以行人薛侃議，進陸九淵從祀，改稱大成殿爲先師廟，大成門爲廟門，祝文樂章凡稱王者并易爲師，樂舞用六佾，歲以春秋二仲上丁日致祭如儀。隆慶五年，以薛瑄從祀。萬曆十二年，以王守仁、陳獻章、胡居仁從祀。四十一年，又以羅從彦、李侗從祀。

城隍廟。在縣治西北。洪武二年，知縣王淵建。正德二年，縣丞陳澄修。萬曆己酉，知縣羅繼宗重建。康熙二十五年，知縣宋國用重修。

漢壽亭侯廟。在縣南門內親民坊。康熙二十五年，知縣宋國用重修。

祠

名宦鄉賢祠。在聖殿西啓聖祠前，久廢。康熙二十四年，知縣宋國用建。

啓聖祠。在明倫堂西側，久廢。知縣宋國用於康熙二十四年建。

羅公祠。在縣前西。萬曆二十七年，士民感羅侯繼宗德政，故建之，今廢。

閣

文昌閣。在縣東門外。知縣謝承紱暨合邑仝建。

壇

社稷壇。在縣治北，距城一里許，每春秋仲月上戊日祭。

風雲雷雨山川壇。在縣治南，距城半里，每春秋仲月上巳日祭。

厲壇。在縣治北二里。春以清明，秋以七月十五，冬以十月一日祭，無祀。

秩祀，鉅典也。自古分疆畫界，必有神以主之。自文廟、啓聖以及城隍、山川、社稷、厲壇，載在祀經，歲時俎豆，無庸置議。至於先代之有功德於兹土及鄉士夫之可祀於鄉者，所以隆崇功報德之典法宜並列，諸如文昌閣、壽亭廟，雖無常期尸祝，而守土者每以朔望至謁，蓋居其地，事其神以治其人民，禮所宜謹，非後世禍福之説也，故並及焉。

建置、户役、學校、秩祀論

論曰：天子定位，明堂居中，前朝後市，井然不紊，建置之典，振古如斯矣。延及井里，以定民居，生齒之數，登諸天版，重户役也。衣食足而禮義興，厚生正德，相因爲理。户役之後，繼以學校，王政之大經也。國之大事在祀，八政先食貨，而祀次之。宗秩之式靈，百神之呵護，實本諸此。秩祀顧可忽乎。遂小邑也，官署、鋪舍、津渡、橋樑，廢者不可不興；蒼頭、黄口、鹽丁、竈戶，亡者不可不復。教化莫先於明倫，庠序設而百行教也。理幽莫嚴於祀典，俎豆陳而百神享也。建置以時，非時之役不興，戶口殷繁，流亡之□勿進。尊師重道，膠庠隆絃誦之風；壇壝式序，春秋有告虔之典。如此則力役省而生衆日蕃，文教修而神靈賜福。治一邑如此，天下可知。洪泮洙識。

遂溪縣志卷之三　利集

秩官志

縣　教職　雜職

唐虞建官惟百，周官三百六十，秦漢而下事漸繁，而官不可不備。故兵刑錢穀各有攸司，非一人所得而兼也。遂邑有縣令，設尉以佐之。學有學博，分齋以理之。至於瀕海之地，委巡司以廣召募，大小相維，法廉相持，不負朝廷建官之意，官方肅而民生安矣。作秩官志。

本縣知縣一員。

縣丞一員。今裁。

主簿一員。久裁。

典史一員。

儒學教諭一員。康熙三年裁，二十一年復。

訓導一員。

雜職

湛川司巡檢一員。

桐油驛駟丞一員。久裁。

城月驛駟丞一員。今裁。

樂民所倉大使一員。久裁。

陰陽訓術一員。

吏員

吏房司吏一名。

戶房司吏一名。

禮房司吏一名。

兵房司吏一名。

刑房司吏一名。

工房司吏一名。
鋪長房司吏一名。
承發房典吏一名。
庫房典吏一名。
倉攢典吏一名。
儒學司吏一名。
巡檢司吏一名。

官役俸食

本縣知縣
俸銀貳拾柒兩肆錢玖分。遇閏加銀貳兩貳錢玖分零捌釐。
薪銀叁拾陸兩。遇閏加銀叁兩。
現在額支俸銀肆拾伍兩。
心紅紙張油燭銀叁拾兩。遇閏加銀貳兩伍錢。
迎送上司傘扇銀壹拾兩。

門子二名。每名歲支工食銀陸兩正，遇閏加銀伍錢正。
皂隸一十六名。每名歲支工食銀陸兩正，遇閏加銀伍錢正。
馬快八名。每名歲支工食銀陸兩，草料銀拾兩捌錢，遇閏加銀壹兩肆錢正。
民快五十名。每名歲支工食銀陸兩正，遇閏加銀伍錢正。
燈夫四名。每名歲支工食銀陸兩正，遇閏加銀伍錢正。
禁卒八名。每名歲支工食銀陸兩正，遇閏加銀伍錢正。
轎傘扇夫七名。每名歲支工食銀陸兩正，遇閏加銀伍錢正。
庫子四名。每名歲支工食銀陸兩正，遇閏加銀伍錢正。
斗級四名。每名歲支工食銀陸兩正，遇閏加銀伍錢正。
修理倉監銀貳拾兩。

典史
俸銀壹拾玖兩伍錢貳分。遇閏加銀壹兩陸錢貳分陸釐陸毫。
薪銀壹拾貳兩。遇閏加銀壹兩正。
門子一名。每名歲支工食銀陸兩正，遇閏加銀伍錢正。
皂隸四名。每名歲支工食銀陸兩正，遇閏加銀伍錢正。

馬夫一名。每名歲支工食銀陸兩正，遇閏加銀伍錢正。

儒學教諭

俸銀壹拾玖兩伍錢貳分。遇閏加銀壹兩陸錢貳分陸釐陸毫正。

薪銀壹拾貳兩。遇閏加銀壹兩。現支半俸。

訓導

俸銀壹拾玖兩伍錢貳分。遇閏加銀壹兩陸錢貳分陸釐陸毫正。

薪銀壹拾貳兩。遇閏加銀壹兩。現支半俸。

齋夫六名。每名歲支工食銀壹拾貳兩正，遇閏加銀壹兩正。

門子五名。每名歲支工食銀柒兩貳錢正，遇閏加銀陸錢正。

膳夫二名。每名歲支工食銀貳拾兩正，遇閏加銀叁兩叁錢叁分三釐叁毫。

教官喂馬草料共銀貳拾肆兩。

湛川埠巡檢司巡檢

俸銀壹拾玖兩伍錢貳分。遇閏加銀壹兩陸錢貳分陸釐陸毫正。

薪銀壹拾貳兩。遇閏加銀壹兩正。

皂隸二名。每名歲支工食銀陸兩，遇閏加銀伍錢正。

本縣儒學廩生二十名。每名歲支廩糧銀柒兩貳錢正。

本縣鋪舍二十一處。鋪兵六十名，每名歲支工食銀柒兩貳錢正。

論曰：俸以養廉，食以代耕，制甚善矣。軍興餉亟，暫議裁充，此亦運籌所必至者，獨念普天之下官俸猶同，惟以遂邑遷荒缺徵，役食減額，什裁其七，不無枵腹之嗟。至於苜蓿廣文，職微祿薄，今以兩員而食一員之俸，其備已甚，不得不仰望當事者之變通爾。洪泮洙誌。

縣職官表

元知縣

達魯花赤尹

唐子鍾。

王威。

丞。缺裁。

尉。缺裁。

典。缺裁。

明知縣

洪武

王淵。湖廣人，有傳，見名宦。

元太初。七年任。

張昭。晉江人，由監生，有傳。

孫輔。

馬誼。

正統

蘇觀。惠安人，由舉人，十一年任。

陳義。敘州人，由舉人，十四年任，有傳。

李鸞。

天順

馬良。

崔道。

成化

孟元。湖廣人。

楊徹。福清人，由監生，廉潔清和，四境安之。

龔彝。吳縣人，舉人。

楊琛。江西人。

黄瓊。江西人。

韓經。北直人。

弘治

鄒昌。江西人。

劉玉。湖口人，監生，有治績，見傳。

陳良弼。華容人。

正德

陳良策。

雷世明。清流人。

蔡春。西安人，由舉人任。
嘉靖
黄裳。桂林人，由舉人任。
歐鑾。蒼梧人，舉人任。
張惠。福州人，舉人，有惠政。
鄧恕。清江人，監生。
班佩。和州人，監生，有惠政，見傳。
杜果。贛州人，由監生任。
熊希程。馬平人，由舉人任。
張天敘。晉江人，由舉人，有傳，見名宦。
咼文光。公安人，由舉人任。
龔徹。華亭人，由舉人。
隆慶
吴天傳。桂林人，由監生。
杜伸。黄岡人，由進士。
萬曆

陳學益。宜山人，由舉人。
林春茂。閩縣人，由舉人。
譚一召。大庾人，由舉人。
盧應瑜。順昌人，由舉人，重修學宫。
陳廷詩。晉江人，由進士，有政績，見傳。
袁時選。蘄縣人，由進士，升刑部主事。
鄧壽光。宣化人，由舉人。
羅繼宗。南城人，由舉人，有政績，見傳。
陳九秋。新昌人，由舉人。
胡汝諒。上海人，由舉人，□教。
歐陽豪。歙縣人，由歲貢，四十一年任，有惠政。
蔣守洵。全州人，由舉人。
天啓
柯重光。莆田人，由舉人。
王臣良。新寧州人，由舉人。
向善。四川貢，仁厚有聲。

崇禎

楊逢元。福建長泰人，由舉人，慈惠愛民。

羊世道。海寧人，由舉人。

陳時瑞。楚雄人，由舉人。

慎思永。浙江歸安人，進士，以訟去。

朱盛浧。楚府宗籍，由貢。

喻萃慶。四川貢士，死難，有傳。

國朝知縣

順治

牛麟生。福建人，貢生。四年，隨師安遂，雞犬帖然，民戶如故，爲國朝知縣第一。

王琦。吳縣人，由歲貢，八年任。

王奠基。遼東益〔一〕州人，九年題任。

張開魏。湖廣雲夢人，恩貢，十年任。

〔一〕辽东无『益州』，唯有『盖州』，故『益』当为『盖』。

黃家蔭。晉江人，乙酉舉人，由平藩內史，十二年任。
馬光遠。山東人，由進士，十四年任。
康熙
楊應祚。湖廣人，貢，元年任，以大人遷海勞役，卒於官。
邱時中。濟寧人，由進士，二年任。
熊雯。湖廣人，由貢，始定十甲幫役之法，民至今便之。
王國璽。福建人，由舉人，七年任。
智如愚。山西人，由舉人，十一年任，多惠政，民建祠事之。
宋國用。山東人，遼陽籍，二十二年任。

明縣丞

洪武
諸宏道。
鄧義。
薛成玉。
正統

楊英。

天順

楊忠。江西人。

成化

陶明。浙江人。

甘榮。

馮達。三山人。

陳俊。湖廣人。

田富。南直人。

弘治

陳澄。龍岩人。

正德

朱孔輔。南康人。

羅俛。衡州人。

嘉靖

鄭潮。福州人。

張朝。安慶人。
李教。豐城人。
王日亨。
隆慶
熊天元。
萬曆
黄添春。
劉尚賢。
李蒙亨。
黄元輔。
黄世元。
賴俞秀。崇義人，選貢，升奉化知縣。
范汝乾。蘭溪人，□□。
章日亨。孝豐人。
天啓
陳朝政。莆田人，恩貢。

柯日益。南直人。

崇禎

應寧。

章士亨。

施王佐。山陰人，貢生。

曹永祚。於東門自捐造准提庵，奉准提菩薩。

顧懋鏞。南直人。

蔡斌。閩縣人。

国朝县丞

顺治

郑能奋。闽县人，四年任。

李润。北直人，由贡，十二年任，後裁缺。

明主簿

洪武

撒都。
李勝。橫州人。
正統
劉安興。浙江人。
天順
樊睿。湖廣人。
成化
夏昇。古田人。
何漢。江西人。
嚴經。麻城人。
魏璧。新津人。
弘治
王廷瓚。平樂人。
正德
王沂。吳江人，監生。
嘉靖

銀瑶。桂林人，監生。
王鼐。山東人，監生。
曾璜。
隆慶
趙繼祖。
萬曆
王定貴。
高世芳。
嚴廷舉。
周繼德。
陳家策。
劉士元。
趙應正。
沈卿。金華人，由監生。
徐夢熊。含山人，例監。
喻言忠。南昌人。

天啓

雷佈。

黄國用。崇禎三年裁。

明典史

洪武以來失紀。

成化

陸福。

正德

高棟。

嘉靖

殷鋭。

鄭遂。上虞人，以修東洋堤功，祀名宦。

黄久記。

姚士顯。

萬曆

黄源。
施賢偉。
壽大順。諸暨人。
顧一盛。會稽人。
宗治正。新建人，升瑞州倉。
羅天錫。南昌人，四十年任。
李從謙。金華人。
天啓
馮槐。
劉廷佩。
崇禎
周安國。
余本聖。
賞萬鎰。山陰人。
余保定。
謝尚禮。浙江人。

國朝典史

順治

周仕彰。江西人，八年任。

張國寧。仁和人，十二年任。

張鼎。長洲人，十五年任。

陳國斌。泉州人，順治十八年任。康熙元年，以貪罷去。

康熙

蔣光前。浙江人，三年任，儉約慈仁，民愛頌之。

孫枝茂。宛平人，九年任。

金維新。浙江人，二十二年任。

明教諭

洪武

謝從敬。

陶文實。二十年任，有傳。

王鴻。晉江人。

蕭濂。江西人，貢。

李潘。南寧衛人。

杜寬。定安人，舉人。

李正。横州人，舉人。

伍隆。晉江人，舉人。

李時蕃。蒼梧人，貢。

白若金。蒼梧人，貢，見名宦。

朱球。

鄧體静。順德人，舉人。

吳沛。

吳思道。

趙之藩。

李昌期。福建人。

陳大楫。閩縣人。

葉觀光。博羅人。

黄汝模。福建人。
何維翰。順德人，舉人任。
徐夢熊。福建人，由舉人。
裴學堯。崖州人。
張士猷。瓊山人。
黄璟。順德人，以劣去。
萬曆
鄧維先。樂昌人。
泰昌
劉鎮彝。
天啓
蔣獻奇。泉州人，舉人，陞三水知縣。
崇禎
茹馥。新會人，舉人，陞象州知州。
張體俊。饒平人，升府教授。
謝聘。潮陽人。

謝良伯。德慶人，貢。

謝勳。南海人，由舉人。

翟起元。潮州人，貢。

國朝儒學教諭

國初多係委署，康熙初年定制，縣各訓導一員。康熙二十一年，復設教諭。

康熙

何汴。本姓鄧，東莞人，肇慶籍，貢，二十一年任。

陳繼度。東莞人，貢，二十四年任。

明訓導年次，舊志失載。

洪武

唐思敏。

周仕安。

陳誠。

羅鼐。興國人。

李貫。
敖翔。新喻人。
賈琮。博野人。
席正。孝感人，舉人。
陳輅。安溪人。
虞楚。鄱陽人。
唐經綸。瓊州人。
李時雍。桂林人。
黄顯魯。瓊山人。
張子武。
葉明楷。
雷三傑。廣西人，舉人。
梁絲。高要人。
黄可章。博白人。
萬曆
丁明陽。

黄夢陽。
廖述。歸善人。
許鞏昌。雲南衛人。
朱國祥。萬州人。
李維竟。化州人。
天啓
楊秉正。建寧人。
崇禎
崔秉智。福建人，元年任。
游岳。順德人，八年任。

國朝訓導

順治
周仕選。東莞人，舉人，十五年任。
康熙
徐蘭茂。潮州人，貢，四年任。

曾士拔。韶州人，貢，七年任。
崔庚。肇慶人，貢，十年任。
莫光斗。南海人，西寧貢，二十一年任。

明湛川司巡檢，年次缺載。

田允恭。
辛癸。長汀人。
嚴威。柳州人。
劉慶。南昌人。
毛志華。豐城人。
汪炳。湖廣人。
周文對。建寧人。
天啓
鄧文光。贛縣人。
敖璵揚。福清人。
張伯仲。諸暨人。

崇禎

璩時雍。

魏崇倫。日照人。

周歷。長汀人。

國朝湛川司巡檢

康熙

朱文潔。山陰人，四年任。時遷海奉裁，至九年開界復設。

楊元亨。宛平人，十年任。

崔尚敬。山東人，二十二年任。

明樂民倉大使

朱杞。莆田人。

秦謙。靈川人。

何文源。順德人。

潘大紳。南海人。後裁缺。

明桐油驛駋丞

蕭普化。

朱貫。桂陽人。

黄大會。莆田人。

郜德壽。金壇人，萬曆二十九年，查係假官，逃走。

周啓祥。撫州人。

韓向陽。建平人。後缺裁。

明城月驛駋丞

何顯。

林英潛。莆田人。

梁振。蒼梧人。

蔣中。福清人。

李科。當塗人。

金指南。上元人。

萬曆
譚孔仁。南海人。
明其逢。三水人。
天啓
許化龍。新建人。
沈養浩。慈溪人。
呂乾陽。旌德人。
王秉忠。山陰人。後缺裁。

名宦志 崇祀 列傳 附流寓

國家隆崇德報功之典，其有功德於民者，爲崇祀以報之，紀於名宦，所以志褒表章卓異也。遂邑舊有名宦祠，兵燹之後，鞠爲茂草。今復建置以妥神靈。官無問尊卑，其懿行彰著、功德緜遠者，俎豆不衰。諸如陶公文實、班公佩等遺愛在人，□人崇祀則爲傳以紀之，以示來祼，俾後之蒞斯邑者奉爲典型，覩舊績而勵新勳，其食報於將來未有□也。作名宦志。

崇祀

王淵。湖廣人，洪武初舉明經，任遂溪令。草創之秋，設公署，建學校，安集流移，訂圖籍，定賦稅，闢草萊，課耕耨，修築塘堰，灌溉田畝，民咸利之。祀名宦。

張天敘。晉江人，嘉靖壬子以舉人知縣事。政尚廉平，捐俸建黌宮、闢學舍以處學者。創崇文書院，址在城隍之東。□地令多士，以時課業，士風丕變。遡遂士作興之由，自張公始。祀名宦。

白若金。蒼梧人，嘉靖年任遂溪學。博學能文，以古師道教士，士皆修飭名節，以禮義篤行爲先。士之貧者，輒推俸佐之。遂之稱師道者，以白爲最。

按：白公之入名宦，歐陽府志缺載。考鄧翰林名宦祠記乃知之。計其爲人，必有大服於一縣之人心，而後輿論公舉，當道允從，非偶然而邀之也。

鄭遂。上虞人，嘉靖十三年任遂溪縣典史。遇海潮沖決，堤岸多圮，田疇千頃，幾淪龍窟。遂謀諸令，身任其事，冒觸風濤，督楗木石，潮不爲害。復闢通衢，濬洫道，捐俸具牛種，以佐貧窘，民咸賴之。祀名宦。

論曰：佐幕之職，皇皇求利，委以艱鉅，則縮頸避影如蹈湯火，有如鄭尉不憚勞苦，築堤岸，捍潮溢，所謂後身圖而急民務，有大人君子之度焉，爲民禦災捍患，祀之不亦宜乎？

陳廷詩。晉江人，萬曆二十年以進士任知縣事。寬裕愛民，始築三門、月城，吏民感之。祀名宦。

列傳

陶文實。洪武二十年任教諭。時學校草創，殫心修理。顔其齋曰『尊德性道問學』。表正士習，爲時名師。年表及學校俱云文實。府志缺實字。

陳義。敘州人，正統十四年由舉人知縣事。廉平自持，久任不替，超擢大平知府。後令馬良貪殘，民苦之曰：『陳令再生天有眼，馬良不去地無皮」。

劉玉。湖口人，弘治八年由監生知縣事。廉恕□仁，加意學校，凡文廟簠簋爵罍，一範以銅，齋廡、戟門、儀門闢地鼎新。歸時囊無餘資，士民頌之。

班佩。和州人，嘉靖間以監生任縣事。善剖疑獄。民有殺三命者，累年莫決，公一訊而服□，□贓□正具罪。民咸神之。又鞫人命得其誣立釋出之。其明決類此。

歐陽論曰：余讀班君傳，而信治獄之難也。世有別具慧識，能察神情於形跡之外，如醫者洞垣矚髓尚矣。其次惟虛公詳慎，公則生明詳則不忽。如醫者按脉切方，始爲得之。世之聽訟，每狥勢利而務敏捷，浮雲自足，障明疾行，必無善跡。余叨理苟素秉剛腸，請托於牘，絕不至庭，必取前後文卷，虛心熟閱，令此中透徹了了，又不敢執己見，必聽兩造中證，曲折辨析，令其輸瀉殆盡，然後下筆判決，覺民心服己，心亦自暢快。或以一日決一事，即至再三不厭，務求至當而後已。在民雖不敢必其無冤，而不欲冤民之心庶幾無餘憾矣。壬子冬，代庖海康，郡民林君寧等謀殺蔡政等三命，十五年沉冤，一質而服，人皆謂神。有何神哉，不過虛公詳慎，據理推情，而彼自不能遁耳。班君剖決三命之冤，與余正相合。因歎治獄者毋狥請托，毋憑吏書，毋恣行胸臆，以博敏捷，毋依樣葫蘆，苟圖完局，斯天下無冤獄矣。感於班君事，附之以□明云。

羅繼宗。南城人，萬曆三十五年由舉人任知縣。性廉潔，執法不阿。釐奸剔弊，追覈丁糧，欺隱宿弊一清。夫馬繕修，一以均平。

里甲無擾。轉任香山，士民爲之立祠。

喻萃慶。四川人，舉人，崇正十七年知縣事。秉性剛決，蒞事精明。徵錢糧撫字寓於催科，理獄訟，覆盆昭於霜雪，胥役不敢爲奸。鋪戸革其包攬，公庭嚴肅，兆庶樂生，真良令也。丁亥春，大兵至，與按院王基固、推官費長統同死。

流寓附

士君子學古入官，期以不負所學者，不負天子。國有大事，君有過舉，不憚獻可替否，以乃心王室，非徒執圭擔爵已也。萬一不幸被謫遐方，耿耿孤忠，流傳於嶺海之外，使人知當日逋臣即後世之忠臣也。語云：去國一身輕似葉，高名千古重如山。流寓之謂矣，作流寓志。

流寓，昔之流寓者尚多，姑擇數公之文行兼美者紀之，以備參考。

寇準。宋真宗時丞相，丁謂誣爲朋黨，貶雷州司戸，道經遂邑。

蘇軾。宋哲宗朝學士，安置昌化軍，道經遂溪，遊湖光巖，親書三大字於石〔一〕。

蘇轍。宋哲宗朝門下侍郎，安置於雷，郡人吳國鑒造屋居之。

梁濤。宋哲宗朝尚書左丞，時相章惇等誣爲朋黨，貶雷州別駕。

秦觀。字少遊，有詩名，與蘇軾友善，爲太學博士，以軾薦至編修國史。章惇誣其增損實錄，貶雷州，同時流徙者一百二十人，且

〔一〕『湖光巖』三大字爲李綱所書，此誤爲蘇軾。

立碑端禮門，謂之邪黨。長安石工安民當鎸字，辭不肯鎸，恐得罪後世，聞者媿之。今不置。

李綱。宋高宗時丞相，以力諍張邦昌僭逆當罪謫。張浚劾綱，貶萬州。由遂經過，遊湖光巖，贈僧琮師詩一首。遂人仰其高風，至

名宦者，官於茲而有顯績也。李公以宋代元勳，功蓋天壤，爲奸臣所排擠，遠謫萬州，道經遂邑，遂何足以囿公哉。夫名人所至，草木盡芬，有道偶留，山川增勝，遂人俎豆不置職是之故，若以名宦祀公，公其爲遂享乎，爰改流寓，蓋亦顧名思義之意耳。知縣宋國用記。

趙鼎。宋高宗中興賢相，爲秦檜所憾，貶萬州，道經於遂。

李光。宋參知政事，爲秦檜所惡，貶瓊州，道經於遂。

胡銓。宋編修官，以力排和議，貶海南編管，道經遂溪。

馮恩。明鐵面御史，以指斥汪鋐朋奸誤國，謫戍雷州。

樊王衡。明御史，以諫立皇嗣忤旨，戍雷州。

以上諸公事績詳載府志，姑錄其姓氏以寄慨慕之意。

兵防志

營署　營制　臺墩　哨船　武鎮　哨堡

國家分土設防以衛民生，有文教者不廢武備，振古如斯。遂溪彈丸小邑，東西界海，設官以守之。城邑寨所各有專職，臺墩哨堡星羅棋布，以之彈壓一方，俾山無伏莽、海不揚波者，兵防之力也。作兵防志。

營署

遂溪營守備公署。在縣城内縣治西，原就彭氏宅及左右民居爲之。正廳一座，后堂三間，東廳三間，儀門、大門、左右馬房。

大演武亭。在城外南門墟側。

小射亭。在縣西大街東，闢起秀書院故址爲之。

千總署。營買謝氏民居。

白鴿寨守備公署。在寨内。

營制

遂溪營守備一員。坐馬四匹。

千總一員。坐馬二匹。

把總二員。各坐馬二匹。

原額兵四百四十三名。續奉文汰兵八十一名。

實留兵三百六十二名，戰馬無。

康熙二十三年，奉旨差吏部左侍郎杜□、內閣學士石□，會同總督部院吴□、巡撫督察院李□，親臨巡閲裁撤遂營守備千、把總等官，其汛地撥歸雷協右營管轄。每年右營輪撥千總一員，帶兵一百名，分防遂城。又撥把總一員，帶兵四十名，分防城月。北汛大路自太安、永平、牌後、東門、白土、梧桐、石井、石橋、司馬、响水、城月、淨坡、下僚、平岡、瑞芝、頭鋪、府城、北門各塘，悉係右營撥兵防守，并遞上下公文，西汛有樂民所城一座，最爲險要。右營輪撥千總一員，帶兵一百名，駐防草潭、調神、博里、調建，續又奉撥海安營船三隻，因船乏餉失修壞爛，暫輪撥千總一員，帶兵一百名貼防，南接左營海康洪排港地方，東面俱屬深山茂林，西面汪洋大海，北面設有文體、羊脚、下落砲臺，悉撥兵防守。

白鴿寨自康熙十一年起，原設水師守備一員、千總一員，把總二員，戰守兵七百三十二名。除□奉文陸續裁汰外，尚實額官兵六百七十六員名，內官四員，戰守兵六百七十二名。康熙十六年五月十九日，歸正起設復經制官四員，戰守兵六百七十二名，共額官兵六百七十六員名。各官自備坐馬一十匹，戰馬無。康熙二十年正月，內奉文抽撥戰守兵二十四名，入提標援剿營充額外，尚實額官兵六百五十二員名，原額戰船九隻，因年久朽腐無存在。康熙十九年，內海寇猖獗，奉文各官捐銀復造大小戰船九隻，於康熙二十一年十二月內造竣。駕回寨港，防禦海寇。至康熙二十三年，奉旨差吏部左侍郎杜□、內閣學士石□、總督部院吳□、巡撫督察院李□巡臨地方，裁去兵三百二十八名，實留官兵三百二十四員名，各官自備坐馬一十匹。

康熙二十三年，奉裁遂溪營官將，東汛接連東海沿邊一帶，悉分白鴿寨撥兵防守。

臺墩

本縣東界臺墩

海頭砲臺一座。周圍闊二十七丈，高一丈四尺。

北月港臺一座。周圍闊四丈八尺，高一丈二尺。

舊縣港臺一座。周圍闊四丈八尺，高一丈二尺。

庫竹港臺一座。周圍闊二十七丈，高一丈四尺。

煙墩

北品煙墩。至白鴿寨八里。

北家煙墩。至白鴿寨十五里。

黎村煙墩。至白鴿寨一十里。

苧村煙墩。至白鴿寨三十里。

白鴿寨煙墩。至府五十里。以上俱白鴿寨撥兵防守。

以上東界俱屬白鴿寨調撥官兵汛防。

西界臺

調建灣臺一座。周圍闊四丈，高一丈二尺。

官場港臺一座。周圍闊四丈四尺，高一丈二尺。

博里港臺一座。周圍闊四丈六尺，高一丈二尺。

調神灣臺一座。周圍闊四丈四尺，高一丈二尺。

草潭港臺一座。周圍闊四丈四尺，高一丈二尺。

下落港臺一座。周圍闊四丈八尺，高一丈二尺。

文體港臺一座。周圍闊四丈八尺，高一丈二尺。
羊脚港臺一座。周圍闊四丈八尺，高一丈二尺。
煙墩
調建煙墩。至樂民所一百零五里。
抱金煙墩。至樂民所七十里。
博里煙墩。至樂民所五十里。
牛僚煙墩。至樂民所四十里。
田頭煙墩。至樂民所三十里。
對樂煙墩。至樂民所十里。
北竈煙墩。至樂民所一十二里。
草潭煙墩。至樂民所三十五里。已上樂民所撥兵防守。
以上西界俱屬雷協右營調撥官兵汛守。

哨船

白鴿寨哨船大小共九隻。

武鎮

國朝遂溪營守備

吳奎。山西人，正紅旗，順治十二年任。

曹大任。順治十六年任。

陳應高。江南人，康熙元年任。

陶宗道。康熙四年任。

蕭才春。康熙六年任。

吳錫綬。山陰人，由武進士，康熙七年任。

武定。山西人，康熙二十二年任。二十三年奉裁。

國朝白鴿寨欽依把總

王道成。

葉文選。

吳天常。

李如桂。

陶應璋。廣州衛指揮。

童龍。晉江人，武進士，陞留守僉書。

甘霖。漳州衛指揮，陞江西都司僉書。

張茂功。柳州衛指揮，同知。

張良相。杭州人，冠帶總旗，陞天津遊擊。

徐大受。廣州右衛指揮，同知。

許應明。廣東南鄉所功陞試百戶。

朱蔚。華亭人，武進士，萬曆三十一年任。

續蒙勳。處州衛人，萬曆三十七年任。在寨四年，訓兵安民。獲海上大賊，擒牛母山賊，親斬賊首鄭景通等。自備己資修葺通明港寨，增橋堤，招民住近百家。陞廣東坐營都司。

王廷鳳。肇慶衛指揮。

張爾翼。

曾之熊。番禺人，武進士，萬曆四十二年任。

沈應揚。

倪本憲。浙江人。

吳有學。浙江人。

黄道吉。

沈如懋。浙江蕭山人，丁丑科武進士，崇禎十年任，出海征賊，力戰死之。

國朝白鴿寨水師康熙三年遷界奉裁，八年展界復設。

水師參將

江起龍。江南徽州人，順治十三年任。寨久廢，兵署無片瓦，公自出資開創營寨，廣招商民賑買湊集，不減渭邊之屯。康熙三年，公移鎮徐聞，海安秦參將繼之，遂爲寇刼，洎遷而廢，雷人惜之。

秦應榮。

守備

康熙三年，本寨裁，八年設水師以守備，署都司分營。

陳應魁。紹興人，由行伍，順治十三年任。

周球。滁州人，武進士，康熙八年任。

張孺可。江南人，武進士，康熙十四年任。時祖□作孽，本寨千總陳大有應之，逐孺可而自立。

張瑋。山東人，由武進士，康熙二十一年任。

哨堡

哨堡之設，原以防禦地方。明代時雷有兩哨三堡，今防守俱各營分汛佈守，而哨堡廢矣。仍書舊制，以見興革可也。

南哨。在樂民所地方，隆慶三年設，委本衛指揮，或千百戶一員，哨船三隻，撥樂民所□伍十名，駕船巡防，守珠池。今廢。

石城哨。舊志載附石城，後千戶所，地連高、遂。成化初，憲副陶魯設，調本衛旗軍四百名，指揮一員，督領巡哨。今廢。

遂溪堡。在縣治内。成化初，憲副陶魯以縣無防守，議設。撥在内左右中前軍四十名，樂民、海安二所各軍二十五名，共軍九十名，委指揮或千百戶一員，統領防禦。今廢。

横山堡。在石城縣地方，往廉州要路，盜賊縱横，商旅不行。遂溪縣出價四十兩買石城地一片，築城建堡，屬雷州府。撥本衛内四所軍四十名，海康、樂民各撥軍十六名，共七十二名，委本衛指揮或千百戶員管領，防守水陸。今廢。

息安堡。亦係石城地方，離横山三十里。嘉靖四十二年設，屬雷州府。委千戶一員，領撥石城後所、永安所旗軍共四十名防守。今廢。

謹按：兵防之設，以爲民也。遂地依山阻海，叛服輒見，藉兵力之捍禦居多。今時際昇平，盜賊消滅，奉大人巡閲邊海，舉冗伍而裁汰之。蓋世亂，多一兵，多一兵之福；世治，少一兵，亦少一兵之福。有封疆之責者，當承宣德意，特加訓練，寨墩汛守要害，務得人以防之，毋以一人而兼數人之食，毋以數人而責一人之勞，則勞逸均而人思奮，行伍無庚癸之呼，里閭享太平之盛矣。夫安不忘危者，主將之心；勞而思佚者，士卒之情。書曰：申畫郊圻，慎固封守。今日之謂歟？洪泮洙識。

屯田志　軍官　衛所

雷州屯田自明代洪武二十八年始，內五所各撥五百戶全伍，外四所各撥三百戶全伍。每百戶總旗一，小旗十，軍百，合九所三十七。百戶計四千一百四十四名，不分旗，軍人給田地二十畝耕種，指揮楊豫奉例踏勘，本府拋荒田地八百二十八頃八十畝，照數分給之，此屯田之初額也。人給種子一石，總小旗各給牛一隻，軍二名，共給牛一隻，每歲二十畝，除存米十二石自養外，餘納細糧六石，總計得糧三萬二百六十四石，此屯糧之初額也。每田二十畝，約收稻四十六石零，稻以二石五斗，得米一石，各旗軍於所收數扣稻三十石，算月糧十二石，又存種一石，餘稻一十五石，該納絹糧六石。

天順間，本府被猺亂，盡撤屯種，旗軍回城，守禦□給民升科收籍。成化間，復立屯，後千戶所以鎮守石城，不立原屯，五百戶革，回衛左、右、中、前四所，各革二百戶回衛。分屯三外四所各革一百戶，回衛立屯二，合八所二十百〔一〕戶，旗軍二千二百四十名，種田地四十八頃，應納糧一萬二千四百四十石。□屯久廢，田歸於民，所重設皆荒瘠，耕者逃亡過半。奏奉勘合豁糧六千八百五十二石七斗三升。

〔一〕『二十百戶』，疑有誤。

餘糧仍不充額，旗軍頗納。

嘉靖五年丙戌，張傑掌印，申請撥守城餘丁頂補逃亡承種，每名照派田二十畝，納細糧二石，每畝科一斗，名曰減科。然此法立屯，軍皆假託逃亡，避重就輕，而弊孔愈開，糧額愈折矣。萬曆三年，前所卞政屯軍符通與民徐京爭告丈剩升科米六石七斗二升。四年，樂民所新增米九石零七升。萬曆九年，奉文清丈，陞增共糧六千六百零一石六斗六升。至二十五年，糧復不足，本府清軍萬同知奉道文將田地分撥，舍餘各給下帖承種。然有有田者，有執空紙者，有荒瘠不可耕者。官舍望空，賠糧二石，初五十餘石，有多至一百餘石。一年一派，憑所書受賄作弊，倏彼倏此，官舍困苦更倍於軍矣。告本道行廳，清出弊源，豁免舍糧。內四所屯老各以翰認，外四所尚須着意清刷。原制三分兼收二分，本色一分折色，每石折銀三錢。後各軍告累，准盡徵折色。萬曆三十七年，奉文改徵本色，軍病之，紛紛告苦，仍准折徵。此明代三百年之利弊也。

我國家定鼎以來，雷以干戈擾攘，軍戶死於盜賊，繼於流離十之八九，故軍亡而屯廢。迨康熙元年、三年遷界，衛官奉裁，屯田棄於界外，不復知有屯矣。今展界設衛所，漸復官職，而招墾有令，牛種有給，庶幾漸次講求而收屯政之效於邊荒如殘雷也。明代內四千戶所屯，每所百戶三員，甲軍各三百三十六名，每名派田地二十畝，共田地六十七頃零二十畝，每畝派糧三斗，一千戶所共銀二千零一十六石，此各所大凡也。後甲軍逃亡，多寡不一，田地荒失不齊，故糧之減折各所互異，除以前無志可查考，其舊志載萬曆九年共糧四千一百三十六石九斗九升。據府志書於左，以俟採擇。

左所三屯

一百戸張賢屯。據萬曆九年清丈田地二十一頃八十畝，額徵全減科糧三百九十八石，見在屯軍四十四名。

一百戸第九所屯。據萬曆九年清丈田地二十一頃七十九畝，額徵全減科糧三百零一石五斗，見在屯軍二十名。

一百戸陳和屯。據萬曆九年清丈田地二十一頃四十畝，額徵全減科米四百一十六石，現屯軍四十八名。

右所三屯

一百戸張經屯。據萬曆九年清丈田地二十一頃四十畝，額徵全減科糧二百四十石七斗斗〔一〕七升，見在屯軍七名，共種田地一頃四畝，納納〔二〕全科糧四十二石，在屯餘丁舍餘九名，種絕絕軍田地一頃八十名，納減科糧一十八。剩田田地一十八頃二十畝，派在城餘丁九十一名頂種，應納減科糧一百八十二石。

一百戸鄭玘屯。據萬曆九年清丈田地一十七頃二十畝，額徵全減科糧二百八十百〔三〕石，見在屯君〔四〕

〔一〕後一「斗」爲衍文。
〔二〕後一「納」爲衍文。
〔三〕「百」为衍文。
〔四〕君，疑爲「軍」。

三十名，共種田地六頃，納全科糧一百八十石，餘田地一十頃二十畝。派在屯、在城餘丁五十六名頂種，應減科糧一百一十二石。

一百户潘汪屯。據萬曆九年清丈田地一十九頃，額徵全減科糧二百六十二石。見在屯軍二十名，共種田地四頃，納全科糧一百二十石，餘田地一十五頃，派在屯、在城餘丁七十五名頂糧，應減科米一百五十石。

中所三屯

一百户黄源屯。據萬曆九年清丈田地二十頃零七十七畝，額徵全減科糧四百一十八石，見屯軍三十九名，故絕軍一十五名，共種田地一十頃零八十畝，納全科糧三百二十四石，剩田地九頃九十七畝，派在屯、在城餘丁五十名頂種，應減科米九十七石七斗。

一百户周德屯。據萬曆九年清丈田地一十八頃四十畝，額徵全減科糧三百六十石，見在屯軍三十五名，絕軍十一名，共種田地九頃二十畝，納全科糧二百七十六石。剩田地九頃二十畝，派在屯在城餘丁四十六名頂種，應減科糧九十二石。

一百户任深屯。據萬曆九年清丈田地二十二頃一十三畝，額徵全減科糧三百零六石，見在屯軍二十名，絕軍一名，共種田地四頃二十畝。納全科糧一百二十六石。剩田地一十七頃九十三畝，派在屯、在城餘丁九十名頂種，應減科糧一百七十九石三斗。

前所三屯

一百戶卞政屯。據萬曆九年清丈田地二十三頃零七畝二分，額徵全減科米三百九十石零七斗二升，見在屯軍三十二名，故絕軍八名，共種田地八頃，納全科米二百四十石，剩田地一十九頃零七畝二分。派在屯在城餘丁七十六名頂種，納減科糧一百五十石零七斗二升。

一百戶鄭世楊屯。據萬曆九年清丈田地二十二頃，額徵全減科糧三百二十石，見在屯軍二十名頂種，軍七名，共種田地五頃四十畝，納全科米一百六十二石，剩田地一十六頃六十畝，派在屯、在城餘丁八十三名頂種，應減科糧一百六十六石。

一百戶王忠屯。據萬曆九年清丈田地二十二頃二十畝，額徵全減科糧四百二十六石，見在屯軍四十九名，故絕軍一名，共種田地一十頃一十畝，納全科糧三百零六石，剩田地一十二頃，派在屯、在城餘丁六十名頂種，納減科糧一百二十石。

明代外四所，每所各屯二。萬曆九年亦皆清丈。

海康所。百戶張文良、蔦鑑二屯田地四十一頃八十畝，實徵糧五百五十八石正。

樂民所。百戶李綱、周□二屯田地四十四頃三十畝零七分，實徵糧八百一十一石零七升正。

軍官

明代雷州衛指揮使、同知、僉事、衛鎮撫及各所正副千百所鎮撫等官，陞遷降調無定額，亦無定員，榮其身而食其禄，承襲三百年矣。

國朝定鼎，明代世蔭俱革。今仍譜其職銜并姓氏，世次相承，興廢瞭然可稽，不泯其世澤也。

指揮使

孫誠。山陽人，正統十二年調雷。

孫輔。誠子。

孫瓊。輔子。

孫鑑。瓊子。

孫繼宗。鑑嫡孫。

孫良臣。繼宗子。

魏讓。汾州人，正統八年調雷。

魏榮。讓子。

魏懷信。榮子。

魏鑑。信子。

魏震。鑑子。

魏國英。震子。

王宏。大興人，成化元年調雷。
王達。宏子。
王濬。達孫。
王淵。濬弟。
王秉式。淵子。
王源。秉式叔。
王秉恭。源子。
蔡瑜。揮同蔡鼎子，成化元年陞。
蔡金。瑜子，陣亡，詳傳。
蔡晟。金弟。
蔡正。晟嫡孫。
白毅。永平人，賜姓白。天順間，以錦衣衛指揮同知降調雷州。
白英。毅子。
白鈺。英子。
白翰紀。鈺子，歷陞章胡副統兵于成文，降襲指揮同知。
宋德。宋賢孫，正德六年由揮同陞。

宋廷珪。德子。
胡鑑。濬子，由副千陞。
胡洪。鑑子。
胡松。洪子。
王威武。守臣子。

指揮同知

張秉彝。石首人，洪武二年調雷。
栢榮。湖廣人，成化十年調雷。
栢高。榮後。
栢泰。高子。
栢鳳。泰子。
栢淩漢。鳳子，陞指揮使。
栢維實。淩漢子。
栢承茂。維實子。
栢茂芳。承茂弟。

徐詠。江都人，永樂十三年調雷。
徐政。詠子。
徐曛。政子。
徐鏞。曛子。
郭欽。含山人，永樂十四年調雷。
郭讓。欽子。
郭奇。讓子。
郭震。奇子。
郭勝。震子。
郭霦。勝子。
郭昇。霦子。
郭大經。昇子。
郭祖懋。大經子。
郭鉽。祖懋堂叔。
郭朴。鉽堂弟。
蔡鼎。信陽人，宣德二年調雷。

蔡啓荇。蔡正子，降揮同。
蔡夢熊。荇姪。
蔡應旂。夢熊堂姪。
王璲。見『武功』。
王戭。璲子，弘治末，以枉殺革襲。
宋賢。天順間，由僉事陞，見『宦績』。孫德陞指揮使。
張雄。武定人，成化□元調雷。
張璿。雄子。
張熙。璿子，陣亡，有傳。
張傑。熙子。
張大用。傑子。
張頤。大用子。
張願。頤弟。
張順。願弟。
張汝纘。順子。
張汝繼。汝纘弟，降僉事。

馮欽。遵化人，成化十三年調雷。
馮環。欽子。
馮佐。環子。
楊茂。弼子，由僉事陞。
楊傑。茂子。
楊君柱。傑子。
福壽。
福錦。
王琦。由副千陞，政子。
馮文焯。征黎，陞參將。
馮秉鏞。文焯孫。
馮萬春。秉鏞堂弟。
胡紹忠。揮使胡松子。
胡守忠。紹忠弟。
胡秉衡。守忠弟。
魏峯。國英子。

魏繼勳。峯姪。
魏振唐。繼勳子。
魏崑。振堂叔祖。
白成文。翰紀子。
白成名。成文弟，無子，叔翰綱養異姓子曰成仁，冒襲事發，置法，白氏世職遂廢。
宋天祿。桂子。
宋名儒。天祿從弟。
白繼勳。俊子。
白翰。繼勳子。
白如璧。翰子。
白如璋。如璧弟。
白鶴鳴。如璋子。
魏繼宗。崑子。
魏可樑。宗子。
馮名世。萬春子。
栢爲臣。茂芳子。

郭偉。朴弟。
郭翰。偉弟。
蔡應旌。應旂弟。
宋耀。名儒子。
胡應麟。秉衡子。

指揮僉事

周淵。
朱永。
趙興。洪武年間調雷。
趙雄。興後。
趙鑑。雄後。
趙鈺。鑑後。
趙漠。鈺後。
趙廷舉。輔後。
趙文炳。廷舉子。

趙夢鳳。文炳子。

凌謹。含山人，洪武三十五年調雷。

凌雲。謹姪。

凌霙。雲弟。

凌鑑。霙弟。

凌霑。鑑[一]。

凌晟。霑子。

凌碧。晟子。

凌珠。碧弟。

凌廷用。珠子。

凌師貞。廷用子。

凌鳳鳴。師貞子。

凌鹿鳴。鳳鳴弟。

凌登瀛。鹿鳴子。

[一]「鑑」後應缺字。

宋安。寧遠人，洪武年調雷。
宋英。安子。
楊豫。當塗人，洪武二十八年調雷，見『武功』。
楊勝。豫子。
楊經。勝孫。
楊弼。經子。
楊立興。君桂子。
楊勳。立興子。
顧雲。見『武功』。
顧琦。雲子。
顧賢。琦子。
顧以錫。賢子。
顧浩。以錫子。
顧邦徵。浩子。
楊洪。華亭人，成化三年調雷。
楊縉。洪子。

楊瑚。縉子。

文盛。遼東人，成化三年調雷。

文彬。盛子。

文昊。彬子。

文景。昊弟。

文應祥。景子。

文濟武。應祥子。

文輔明。濟武子。

王世爵。貢子。

馮涇。明弟。

馮權。涇子。

游鈺。贛州人，宏治八年調雷。

游龍。鈺子。

沈基。

沈鑑。基子。

張慶。

張文彬。慶弟。
張宏。彬子。
張震。宏子。
王廷輔。同知□子。
梁國賓。應光子。
梁拱極。國賓子。
梁拱辰。拱極弟。
錢朝賓。朝相弟。
錢大成。朝賓子。
錢應選。大成子。
顧煌。邦徵子。
張琦。繼堂姪。
文爲憲。輔明子。

衛鎮撫

吳寧。洪武年任。

陶鼎。

顧成。揚州人，洪武二十九年調雷。

顧觀。成子。

顧讓。觀子。

董祥。宛平人，宣德十年調雷。

董亮。祥子。

董玉。亮子。

董鑑。玉子。

董朝。鑑子。

董文炳。朝孫。

潘能。定行人，正統六年調雷。

潘志。能子。

潘敩。志子。

潘清。敩子。

潘杞。清子。

董良猷。文炳子。

左所千戶

劉旺。陽山人，永樂十五年以正千戶調雷。

劉綱。旺子。

劉鈺。綱子。

劉聚賢。英子。

劉聚璧。聚賢弟。

劉安仁。聚璧子。

劉紹功。安仁子。

梁成。壽州人。

梁元。成子。

梁應雲。元子。

梁應光。雲弟。

王政。安子。

王廷臣。廷輔弟。

王承建。廷臣子。

王廷祚。承建子。

韓勝。大興人，貴後。

韓恭。勝後。

韓俊。恭子。

韓一夔。俊子。

韓一鶚。夔弟。

韓希琦。鶚子。

韓拯。希琦子。

胡中。銅〔二〕城人，成化元年調雷。

胡濬。中子。

吳能。賢子，嘉靖元年襲。

沈隆。鑑子。

沈陽。隆弟。

沈任賢。陽子。

〔二〕銅，當爲「桐」。

沈維忠。任賢子。

黃隆。廬州人，任神電衛副千戶，嘉靖二十三年調雷，戰亡。

黃繼勳。隆子。

黃中理。繼勳子。

沈文河。維忠子。

左所百戶

鮑旺。徐州人，洪武二十年調雷。

鮑恩。旺子。

鮑忠。恩子。

鮑學志。忠子。

鮑學隲。忠嫡孫。

潘成。合肥人，洪武二十七年調雷。

潘鑑。成子。

潘仁。鑑子。

潘良。成後。

潘德明。良子。
潘恩。德明子。
潘瀾。恩子。
潘國材。瀾子。
王吉。寧波人，宣德二年調雷。
王福。吉子。
王安。福後。
翟瑩。宛平人，正統九年調雷。
翟廣。瑩後。
翟錦。廣子。
吳聰。成化年間調雷。
宿仁。南直隸合肥人。
宿璆。仁子。
宿傑。璆子。
馮廣。原籍衛徽人。

右所千戶

吴端。天順年襲。

吴廷佐。端子。

吴琛。佐子。

吴桂。琛子。

吴璽。桂孫。

吴宗伯。璽子。

右所千戶

汪澤。高陵人。

汪銓。澤後。

汪漠。銓子。

李實。徐州人。

李鑾。實後。

李秀。鑾後。

李景陽。秀子。

徐官德。吉安人，洪武二十七年調雷。
徐茂。德子。
徐文輝。茂子。
徐履垣。文輝孫。
徐履矩。垣弟。

中所千戶

王真。直隸人，永樂十八年調雷。
王鼎。真子。
王賓。鼎子。
王秉權。賓子。
王烇。秉權子。
王舉芳。烇子。
王俊。平谷人。
王英。俊子。
王廷佐。英子。

王舉藩。舉芳堂弟。
曹政。淵子。
曹子英。政孫。
曹文彬。子英子。
曹偉。文彬子。
戚俊。贛州人，弘治九年調雷。
戚徽。俊子。
戚元勳。徽子，嘉靖二十七年襲。

中所百戶

陳相。蘄州人，正德九年調雷，戰亡。
陳蔡。相子。
徐應龍。懷安人，嘉靖十四年調雷。
鄧元勳。總旗鄧真子，戰亡，蔭子一級。

前所千戶

岳申。泰州人，永樂年間調雷。

岳宗泰。申後。

岳琦。泰子。

岳一峰。琦子。

岳凌霄。一峰子。

岳陽。凌霄子。

岳登之。陽子。

馮高。敬子。

馮欽。高子。

馮溥。欽子。

馮世榮。恭子。

馮文舉。世榮孫。

馮德純。文舉叔。

馮舜仁。德純子。

岳萬倬。登之子。

馮宗漢。舜仁子。

前所百戶

馮保。延平人，洪武二十一年調雷。

馮泰。保後。

馮恭。溧水人，洪武二十一年調雷。

馮敬。恭弟。

張鑑。陸安人，宣德七年調雷。

張英。鑑子。

張希哲。英子。

張文式。希哲子。

鄭斌。浙江黃岩人，永樂十八年調雷。

鄭以敬。斌六世孫。

前所鎮撫

程思。黃岡人。

程廷芳。思後。
程鵬。芳子。
程紹勳。鵬子。
程克勤。紹勳子。

後所鎮撫

李福。開封人，洪武三十七年調雷。
李通。福子。
李荃。通子。
李瓊。荃〔一〕。
李榮。瓊子。
李昌。榮子，子元爵功升百戶。

〔一〕『荃』後缺一『子』字。

樂民所千戶

楊勝。歸安人，正統三年調雷。

楊鎧。勝子。

楊琳。鎧子。

楊塤。琳子。

楊咸。塤子。

楊孟仁。咸子。

楊啓英。孟仁子。

朱坦。和州人，正統三年調雷。

朱睿。坦子。

朱信。睿子。

朱振。信子。

朱擢。振弟。

朱正典。擢子。

孔鏞。徐州人，永樂年調雷。

孔貴。鏞子。

孔賢。貴子。
孔瑛。賢子。
孔鸞。瑛子。
孔仲溫。鸞子。
孔世極。仲溫子。
孔再明。世極子。
孔長祚。萬曆四十年襲。
戴冕。真子，正德八年由百戶陞。
戴暘。冕子。
戴冠。暘孫。
戴繩武。冠子。
王瑄。鳳陽人，正統三年調雷。
王鑑。瑄子。
王瀚。鑑子。
王贇。瀚子。
王貢。贇弟。

王世爵。貢子。
王宗呂。爵子。
王大賓。宗呂子。
戴繩文。繩武弟。
王功懋。大賓子。

樂民所百戶
陳興。贛州人，洪武二十一年調雷。
陳慶。興孫，戰亡。
陳忠。慶子。
陳秉直。忠子。
陳世榮。秉直孫。
陳世華。榮弟。
周貴。長沙人，洪武二十七年調雷。
周冕。貴後。
周轅。冕叔。

周臣旦。轅孫。
周棐。臣旦子。
周奇選。棐子。
周文瑶。台州人，洪武三十年調雷。
周定。瑶後。
周元。定子。
周邦奇。元子。
周大武。邦奇子。
周纘。大武子。
周新命。纘子。
丁忠。壽州人，永樂二十二年調雷。
丁源。忠後。
丁秀。源子。
丁僯。秀子。
丁世勳。僯姪。
戴覩。合肥人，永樂年間調雷。

戴旺。觀子。

戴真。旺子，子冕升副千戶。

楊英。桂林人，永樂年間調雷。

楊錦。英子，成化年間襲。

陳登寧。世榮曾姪孫，崇正四年襲。

樂民所鎮撫

金保。衡山人，洪武二十九年調雷。

金鍾。保後。

金華。鍾子。

金世鈺。華子。

金廷相。鈺子。

金廷祿。相姪。

金應麟。廷祿子，萬曆四十年襲。

衛所

雷州衛，五代時屬南漢，兵制無考。宋開寶辛未，潘美平南漢，始置雷州軍，即城東北隅澄海、清化兩翼指揮，統兵鎮守，衛自此始。紹興己卯，廣西提刑王孝元請於南門外置經畧水軍寨，以制沿海寇賊。元至元戊寅，立海北海南宣慰司。時朱國瑤領軍鎮，改兩翼軍爲萬戶府，置萬戶一員統之。壬戌，改宣慰司爲都元帥府，屬湖廣行省。明洪武戊申，征南將軍廖永忠平嶺南，詔制立衛於府治，命指揮張秉彝率千戶王清、歐陽昌鎮守。壬子，復以衛隸廣東都司，領左右二千戶所。丁巳，設前後二所。戊午，添設中所。辛酉，調前所於廉州，守禦石康；調後所於高州，守禦石城。戊辰，調千戶杜福等領軍鎮雷廉，統五所。甲戌，廣東都指揮花茂奏於沿海增設所軍防海。是年，安陸侯吳傑、都督馬鑑偕花茂至雷，朶進丁夫充軍額，相三縣要地，設海安、海康、樂民、錦囊四守禦千戶所，咸隸於衛。蓋明代衛所即鎮守防禦，而統操軍以捍衛城池。今鎮守設立協府等官，而雷州衛與海安、錦囊、海康、樂民四所設一守備二千總，則耑督開屯也。

國朝雷州衛原額屯田地稅貳佰伍拾壹頃壹拾陸畝貳分，米肆仟壹佰三十六石玖拾玖升，内除荒陷稅貳佰肆拾伍頃叁拾貳畝捌分貳釐肆毫壹絲八忽壹微，連減則無徵米肆仟零捌拾伍石壹斗捌升零叁勺玖杪叁微伍圭壹粟肆粒陸截壹糊正。實徵熟稅伍頃捌拾叁畝叁分柒釐伍毫捌絲壹忽玖微，米伍拾壹石捌斗零玖合陸勺零陸撮肆圭捌粟伍粒叁截玖糊。原額軍丁伍仟陸佰零壹石，於康熙九年復衛承墾陸拾貳丁。康熙二十三年，屆編審新增玖口，實在承墾屯丁柒拾壹丁，歲徵丁銀貳拾壹兩玖錢柒分捌釐肆毫零伍忽，遇閏加銀捌錢貳分壹釐陸毫柒絲伍忽玖微正，軍需料銀柒拾玖兩陸錢捌分柒釐貳毫，軍汰無徵。以上丁屯原額實徵散屬海、遂、徐三邑，今據衛冊統造，無憑稽考，分志。

雷州衛掌印守備

蕭賢。福建人，順治十二年任。

孫之韜。武昌人，十四年任，康熙初年裁。

史記。京衛人，武進士，康熙十年任。康熙八年，展界復設。

張文漢。山西人，武進士，康熙二十二年任。

海康所原額屯田地稅肆拾壹頃捌拾畝，實徵糧伍佰伍拾捌石。

樂民所原額屯田地稅肆拾肆頃叁拾畝零柒分，實徵糧捌佰壹拾壹石零柒升，共稅捌拾陸頃壹拾畝零柒分，共米壹仟叁佰陸拾玖石零柒升，內除荒陷稅捌拾壹頃肆拾壹畝柒分，連減則無徵，共米壹仟叁佰貳拾柒石肆斗壹升捌合壹勺壹抄。實徵熟稅肆頃陸拾玖畝，米肆拾壹石陸斗伍升壹合捌勺玖抄。原額屯丁無，現招屯佃肆丁。康熙二十三年，届編審新增捌丁，實在屯丁壹拾貳丁，歲徵銀叁兩伍錢陸分玖釐叁毫零肆忽，遇閏加銀壹錢伍分肆釐壹毫肆絲。軍器等料銀共柒拾貳兩柒錢肆分貳釐壹毫。軍汰無徵。以上丁屯原額實徵散屬海、遂二邑，今據所冊統造，無憑稽考，分志。

海康、樂民所千總

辛士英。山東人，康熙二十二年任。

勳烈志

文勳　武烈

有大德者，必有大功。功在社稷，久之而湮沒無聞，非朝廷彰善之盛典也。雷、遂屬在徼荒，依山阻海，小醜乘間竊發，受命封疆之臣，制勝設奇，樹壯猷於百世之上，留遺勳於百代之下。疆場汗馬之勞，何可忘諸。至於文臣功德昭著，載在史編者，當并紀之，以垂永久也。作勳烈志。

文勳

明都御史林公富。嘉靖時總督兩廣軍務。先是，正德中，詔採珠對樂池，無珠。太監趙蘭激變地方，御史陳實奏罷雷州守池太監，總屬之廉州。嘉靖八年，復開採，費用不貲所得，珠無幾，公特奏止之。九年，復奏罷廉州鎮守珠池市舶太監，請勅海北道兵巡帶管，由是兩郡安輯。

按：合浦古稱珠還以爲美談，所以利民也。後世則獨封殖之，爲內府之珍，故禁愈嚴，而奸盜愈多。明世至耑命內臣監守提舉市舶，而二郡之民惴惴然，如眠針枕刃。弘治十二年開採，東莞大艚二百隻，瓊州府白艚二百隻，每只駕夫四十名，夫船工食四千兩。雷、廉二府小艚二百隻，夫船工食一千兩。

合用器具珠刀、爬網、木桷、瓦盌、油鈇、木櫃等件。該用銀兩，廣州府二千兩，潮州府六千兩，惠州府肆千兩，肇慶府一千兩。不敷，又於稅畝、戶口、食鹽等湊支，所委供事官，合用蔬菜。參政、參議、副使、僉事員五兩；知府、同知、同判、推官、指揮使、都事員三兩；知縣、縣丞、主簿、典史、千百戶員二兩。其餘供給復在此外。嘉靖五年，開採三個月，得珠八千八百八十八兩，支用夫船工食等銀玖仟叄佰壹拾捌兩，他費在外，則開採之費不資矣。至於二監守，歲費千金，十年費萬金。割萬金之費以守二池，而取償於十年之後，所得不償所費。微林公，粵東之禍且與池相終始，寧第雷云乎哉。宏宦績于雷，宜以罷珠池、撤內監爲第一法，當議祀以其功在，通省不敢僭然。而遂之蒙恩，則世不敢忘所自也，故特表之。

明御史张公純熙。順治十三年奉命巡廣東。是時王之翰據雷之西海，時出刼擄男婦。張御史減夫儀從，單騎入雷州。城中茂草瓦礫，棲止無所。城外招來居民，皆編草爲寮，寥寥數家，田疇荒蕪彌目。張院大張告示，宣布王仁，招撫流亡。遣海康署典史郭維漸、協標王應試親往西海招諭之翰，已復遣同知周標、推官趙永祚奉諭以復，翰始歸誠。遣其將李青等賫繳戶口冊印，男女五千四百餘丁口。由是西海一帶皆受約束，願輸納爲良民。自明末以來，士子生童不與試者二十年，乃開期令士子就試免列。下等生童頗通者，送學作養，由是始知有讀書之樂。凡士之由是科者，多相繼以科貢出身，則皆張院□錄之恩也。

武烈

王道成。晉江人，明白鴿寨把總，勇而能謀。時雷海多警，道成沙頭一戰，闔郡爲之歎美。及倭抵雷城下，道成晝夜防守，寇竟不敢犯城。後奉調追寇于電白，亡於陣。當路惜之，祀忠義祠。

國朝總兵栗養志。榆林人，提督高、雷、廉三府。順治十四年，西山土民王鑑據西海地方作亂，南昌人鄭昌從鑑爲頭目。官軍討鑑，昌出降，充嚮導，從私道入，擒鑑，以功授隨征守備劄。昌既還巢，輕視官軍，遂據南昌，招吳川、石城諸惡少無賴者，四出刦掠，石、遂地方殆遍。白晝刦鄉村，擄男婦，而牿之取贖。賊火遍於近縣，而守將莫敢出救。公檄舟師環其外，陽暴師，期賊退守南昌，而故久稽不至，賊守益懈。南昌與石城之麻水村，隔海港爲其後戶，賊於遂之大路設柵數重。公一晝夜自石城馳，從麻水渡海入其巢。砲發，賊衆倉皇驚潰。遂斬昌，搗其巢穴，搜捕餘黨，釋被擄男婦千有奇，獲諸盜梟黠者，悉斬以徇。民皆歡呼，稱神師云。是時，王翰雖就撫，而翰之將黃占三仍據海康地方。公陽聽撫移書，令獻海賊楊二、楊三等。占三無以應，書使往來，而兵已入據其險矣，遂擒占三等誅之。西海平。公之用兵，出沒神速，不可測度。粵東西諸峝穴，盡行蕩平，可稱一時之名將矣。時李高、李樂、陳奇策、鄧耀等及廣西十二山、二十八寨皆公平之。

總兵蔡璋。福建人，任廣州水師，駐劄順德。康熙二十年，海逆謝昌率黨沿海刦殺，入寇梅菉，擄掠男婦、貨物殆盡。盤踞東海島上，勾通餘孽，分地割據。李發洸摽刼掠吳、遂附海地方，楊二、梁羽鶴阻南渡爲亂，昌陷海口，逼迫瓊城，危在旦夕。公奉命統舟師，由海道直搗昌巢，救脫被擄男婦數千，裝載海口，安置撫養。婦女着人看守，不許兵丁淫亂，出示聽人領回，仍給路費護歸。掃蕩海氛，廓清疆圉，功在社稷，德被蒼生，方之栗鎮，更有加焉。

秩官、名宦、流寓、兵防、勳烈論

論曰：朝廷設官分職，上自公孤卿尹，下迄百僚庶司，有專責無兼攝，兵農禮樂工虞水火各有牧司，尊卑有等，大小□□，誠詎典也。唐虞□□百，周官三百六十，秦漢以下事繁，而官□□，患官常不至貽曠瘝之譏者，非秩官之選□，士君子分符嚴邑，功在當代，澤流後世，其人不可得而見，而蔽芾之，甘棠不可忘者，故名宦解焉。有乃心王室以忠，若憂國爲念，遭時不幸，被謗寃方耿，然孤忠不沒於百世之下者，故流□□□五□，不能去兵，兵以衛民，振威而固□□者，非兵防不可。詩歎採□，天子以保，保封疆域，重元勳也。漢□□□而忠，頗牧疆埸汗馬之勞，何忍忘之。故勳烈繼兵防而備紀也。遂地依山瀕海，邑之中，文猷保障武備張皇，神君奕代之遐績，逋臣萬里之孤□，不恍在人耳目間乎。牧斯邑者，奮興而振起之。余於遂有厚望焉。洪泮洙識。

遂溪縣志卷之四　貞集

選舉志

科目　薦辟　恩選　歲貢　例監　掾史　恩封　武舉

天生才以供一代之用，選於司徒，升之司馬，誠慎之也。遂處天末，聲教之施，不殊中土，抱道待時者，間不乏人。或善科名，或拔貢舉，蓋人才不擇地而生，而□人□化，無遠弗届也。作選舉志。

科目

宋進士

寶祐丙辰，文天祥榜。

紀應炎。祀鄉賢，有傳。

程雷發。

咸淳戊辰，張鎮孫榜。

莊嗣孫。

元進士缺傳。

明進士

永樂辛丑，曾鶴齡榜。

倪益。遂溪籍，廣西平樂人。

國朝進士

□□□□□□榜。

洪泮洙。任休寧縣知縣。

元鄉舉

元統間舉人

吴正卿。祀鄉賢，有傳。

至正間舉人

陳慈卿。任徐聞教授。

明鄉舉

洪武甲子舉人

李志高。任桂平教諭。

洪武庚午舉人

陳爀后。任延平知府。
洪武丙子舉人
陳惟恭。任郢府教授。
陳淵。任平樂教諭。
王德。任富川教諭。
洪武己卯舉人
吳宗直。中南畿鄉試，歷官禮部郎中。
黎球。任浙江鹽運司判。
永樂元年癸未舉人
吳文奎。任平樂教諭。
永樂乙酉舉人
陳貞豫。歷官交趾巡按御史，祀鄉賢，有傳。
永樂戊子舉人
倪益。辛丑進士。
林成。任交趾安遠縣丞。
永樂辛卯舉人

蔡從舉。
永樂甲午舉人
陳綱。任南寧訓導。
永樂癸卯舉人
彭暕。歷官刑部員外郎，祀鄉賢，有傳。
陳矩。
陳昊。
宣德丙午舉人
陳蕃。
馮翼。
宣德壬子舉人
鄭文。壽昌教諭。
陳善。
弘治己酉舉人
王冀。任德化知縣。
弘治戊午舉人

張安。任惠安知縣。
萬曆丁酉舉人
陳于陛。
萬曆乙卯舉人
陳其𢧐。
天啓甲子舉人
韓日進。
天啓丁卯舉人
陳魁修。于陛子。
崇禎壬午舉人
洪泮洙。戊戌進士。

薦辟

元
孫希武。任賀縣知縣，有傳。

黎景文。任本府教諭。
唐堯咨。任興新縣知縣。
楊順。任石康縣知縣。
周起龍。任廉州路教諭。
陳福亨。任高州路教諭。
陳宗達。任石城主簿。

明

林成義。戶部主事。
陳玹。副行人。
吳直。清□主簿。
陳儂均。交趾屬縣主簿。
茅添與。荔浦縣知縣。
謝儂相。進賢縣知縣。
謝孟容。澮縣丞。
孫宗俊。龍溪縣知縣。

陳原曜。盧陵縣知縣。

明府學選貢

黃爚。桂陽縣知縣。

明縣學選貢

梁有楠。

張仰成。

陳君仁。貞豫五世孫，歷任廣西平樂府教授。

謝嘉言。四川岳池縣知縣，有傳。

徐日省。有傳。

何鳴珂。天啓朝。

陳雅誼。崇正朝。

國朝縣學恩貢

陳大用。其裘子。

劉雲升。

明府學歲貢

林王彝。

楊必餘。

楊有義。交趾主簿。

陳猷。同安訓導。

姚普。鎮寧衛經。

何袞。隨州□。

陳玒。橫川訓導。

佘中倫。

陳忠。揭陽訓導。

彭應奎。英山訓導。

陳邦瑞。

陳士愷。任縣□。

馮應麟。

黃世鸞。文昌訓導。

彭紹芳。

梁騰輝。澄邁訓導。

陳于明。

梁起家。

國朝府學歲貢

陳大觀。三水訓導。

陳簡命。永安訓導。

王工。之翰子。

張致程。

臧其昌。

唐蔭光。

陳大章。

梁開裕。

陳王烈。

明縣學歲貢

洪武

陳宗祐。梧州府同知。

梁觀德。

何邦賢。太平府推官。

桂華。安化教諭。

黄鍾。

高永堅。

黄子政。連江縣丞。

梁乾祐。秦府紀善。

梁端。交趾□溪知縣。

永樂

陳文瑶。交趾連河知縣。

王吉。延平知府，陞湖廣道未任致政，祀鄉賢，有傳。

陳納。交趾東岸知縣。

沈遜。

陳秉貞。

宣德

高仕賢。交趾安仁知縣。

蕭韶。

黃仲璵。

正統

彭晟。南昌府經。

王榮。交趾屬知縣。

景泰

卜從吉。晉江知縣。

李榮。養利州判。

天順

鄧森。延平府經。

周瑩。

成化

沈觀華。來賓知縣。

彭琥。

彭玨。

周判初。太平府推官。

林俊。河内知縣。

陳賜。南康訓導。

黄中。武陽縣丞。

弘治

許祥。會昌訓導。

陳威。信宜訓導。

梁□。龍溪□□。

洪彪。長汀縣丞，有傳。

周圻。辰州訓導。

王璋。安東訓導。

王亮。桐鄉縣丞。

李安資。新昌縣丞。

彭隆。主簿。

正德

許翊。

彭鉞。昌化訓導。

洪俊。將樂主簿。

王錦。

陳澶。漳州府照磨。

傅琬。峽江主簿。

梁嶽。化州學正。

陳朝元。

嘉靖

黃珊。

黃瑜。

周一命。福建□事。

彭嵩。

周晟。

黃佐。

梁元暉。
彭燿。彝陵州判。
徐瓘。鬱林訓導。
林鳳儀。
李高。
黄侯。感恩訓導。
梁環。
彭旹。永定衛訓。
彭泮。
陳仰。
陳文德。經歷。
黄夢麒。主簿。
余文寵。
周朝望。訓導。
陳世仁。
徐以讓。

黃玉。

王元之。樂會教諭。

全美。

梁有尚。

王聘。

隆慶

陳景著。

孫持。

林士魁。教諭。

王崇貞。

梁有子。

戴應良。新喻教諭。

韓秉成。瓊山教諭。

黃國英。歸善訓導。

黃章甫。高要教諭。

萬曆

陳君道。君仁胞兄。
陳士龍。
林一桂。新城□□。
王瓊琛。
余大受。
周邦蓋。縣丞。
梁有宇。教諭。
陳所聞。貞豫六世孫。
陳士宏。教諭。
洪有成。吳川教諭，有傳。
林汝聽。武昌丞，有傳。
曾一唯。
黄墀。
梁可樂。
洪應鰲。萬州學正。
謝有功。寧國府經。

天啓

陳王猷。南雄訓導，有傳。

周人龍。訓導。

陳所養。東安訓導。

洪夢陽。有成子。

崇禎

陳大成。曲江訓導，有傳。

周天蔭。

周之翰。福建連江訓導。

鄭本立。陽江教授。

梁漢。羅定州學正。

洪養龍。

王之翰。江西寧州訓導。

梁起瓛。

李可棟。

戴高。

莫維新。

王翰陞。

王應鰲。

黃秉鉞。

彭師選。

國朝縣學歲貢

順治

洪泮泗。泮洙胞弟。

吳止嶸。

王懋德。長樂訓導。

洪景慶。靈山訓導。

康熙

陳呈鳳。

黃其旋。

王懋修。懋信胞弟。

梁日盛。

洪景皓。
周有麟。
陳作槱。大用子。
徐魁第。

明例監
陳秉震。增例。
宋家柱。用萬曆年例。
陳琚。
宋光奇。俱崇禎年例。

國朝例監
陳作夔。
何志大。

掾史

宋

陳盧真。化州同知。

戴慈生。會同知縣。

林瑜。交趾都事。

毛萬程。交趾真和知縣。

明

翁子善。舒城縣丞。

陳毓秀。遞運所大使。

梁忠。江南平望巡司。

恩封

明

彭志堅。原舉明經，官縣令，後以子晅貴，贈刑部主事。妻符氏，封安人。

陳漢隆。貞豫父，封監察御史。妻鄧氏，封太孺人。

武舉

明

余益高。軍生。

鄉賢志　崇祀　列傳

天地清淑之氣，鍾爲人傑，出則爲名宦，處則爲鄉賢，其揆一也。遂雖僻處遐陬，崛起多人，其間功績未彰於民，□德行夙著於□□者，崇祀廡下，固其宜矣。至於善蓋一鄉，修業□身，雖無深仁厚德，澤物惠民，而竟使湮沒，無□不爲列傳□表之殊，非善善長之厚意也。爰作鄉賢志。

崇祀

宋

紀應炎。少讀書於湖光巖，寶祐四年登一甲進士。初試澄邁主簿，有以白金饋者，潛置米中，覺即遣還之。邑海港可出，募民塞之，成田千餘畝。入學贍士，後宰南海，與經略冷覺齋不合，自書桃符云：『三年南海清心坐，一任東君冷眼看』。經略竟服其介。有富民觸法，賂其婿，以請應炎，不許，竟置於法。

元

吳正卿。字素臣，調豐郡人，出化州路學錄，赴湖廣。丁巳鄉試後期，授平湖書院山長，歷仕致南寧知軍。所至絕干謁，民有遺思。倖人事親有餘，則周黨里之急，家無餘羨。元統間，爲合浦、臨桂尹，海北、廣西兩院交薦，其劄略曰：人才，國家之元氣，風紀之耳目，必元氣充而耳目明。斯國家隆而風紀振正，卿宜擢居風憲。秩滿，封其父朝進，如其官，時年八十一。里人賀以詩云：『未饒官貴文章貴，不獨親榮閭里榮。青史舊書吳大守，素臣新傳左丘明』。正卿致政，時已得聾疾，副使盧嗣宗以賓禮延至郡學，咨以利病，置灰盆中，從容手書，與語竟日，名重當時。

明

吳宗直。性敏慧，通群書，工筆札，尤長於詩。永樂己卯，中南京鄉試，官至禮部郎中，藻思熤然，朝中重之。嘗著《文昌雲氏族譜序》，爲時所誦。

陳貞豫。字奮揚，謚靖肅，温良鄉人。領永樂乙酉科鄉薦，歷官監察御史。持憲體，有廉潔聲，人不敢干以私。奏建横山堡，遂溪、石城咸賴奠安。

王吉。號石揚，黄略村人。由太學生任溫州府通判，陞柳州府同知。恤民捍患，卓有惠政，柳之民立生祠事之。尋擢延平知府。

彭哽。雲脚村人。領永樂癸卯鄉薦，任南安府推官。宅心寬恕，有長者風，民咸愛之。秩滿，陞南京刑部員外，致任歸，奉詔進階郎中。

癸亥秋孟，余甫下車，閱府志，載遂邑祀鄉賢者五人。越八月上丁，謁祭鄉賢祠，現人木主祝文者，止列四人，而紀公應炎、吳公宗直不與焉。及考四人本末，其吳公正卿，則又府志所不載者，予甚疑之。學博弟子員，咸以吳公正卿得奉俎豆，現有鄧内翰碑記可質。而紀公應炎、吳公宗直，未有崇祀之檄，不□擅入爲辭。予思秩典嚴重，何容輕議其列祀之。吳公正卿，郡乘不載，豈採風者有未備歟。紀、吳二公之不獲祀，意其瑰行侃論不和流俗，故鄉人不爲尸祝歟。姑兩存之，以爲後學之備考云。知縣宋國用□。

列傳

元

孫希武。字立夫，元時由儒士爲賓州判，歷宰臨桂、賀縣。所至有聲，守己廉潔，生平言行謹篤。賓陽猺蠻梗化，官司莫制，希武作詩勸招之，翕然歸附。

明

洪彪。由歲貢任長汀縣丞。事上恪謹，御下精明，察物而吏不能隱，執法而民不敢犯。清軍儲，絕羡餘，恪共乃職，民有冰壺、秋月之頌。屢蒙兩院□薦，因解糧詿誤，里老赴闕乞留，允之。

洪有成。行誼端方，博覽書史。中萬曆甲午鄉試副榜，由歲貢任浙江湯溪訓導，轉吳川教諭。諸生勤課之外，毫無染指，時巡按特加旌獎，有盤惟苜蓿之稱。及歸，行李蕭然，吳人士至今思慕之。

謝嘉言。少喜讀書，受業於其師洪有成，以恩選任四川岳池知縣。治聲卓溢，爲時所重。比歸，逍遙里門，不改布衣之樂，每府縣鄉飲，必賓而禮之。

林汝聽。由歲貢任湖廣武昌縣丞。發奸摘狀，却餽送，絕引援，有孔姑臧之風。繼擢廣西南寧府衛經致政。居家十年，潔己端莊，不衣冠不見子弟。雖鄉黨素親狎者，接之如賓客。朔望齋居，正容有天顏，咫尺之思，居鄉若朝廷焉。

陳王猷。篤厚嗜學，燕翼式訓，由歲貢任南雄府訓導。課士有方，淡泊自持。諸生中有貧乏者，分俸以濟。歸卒於道，士子哀之。長子其崴，中萬曆乙卯鄉試；孫大用，應順治八年恩選。大覲以歲薦，任三水訓導。曾孫作楫，應康熙二十三年歲貢，皆克繼先志焉。

洪化龍。郡庠生，性溫厚，而課督子弟尤謹。恬淡好修，□英庠序。事父母以孝順聞，處里黨以長者稱。時鄰鄉有借貸者，與之，不問其償。崇禎壬申歲，闔邑製錦，表其世德。癸未歲，縣尹朱盛浤辟薦優行，知府王允康特嘉獎勵。子泮洙，領崇禎壬午鄉薦，登順治戊戌進士；泮泗，應順治十一年歲貢，皆世德所貽也。

徐日省。泰昌恩選。爲人端方嚴正，言笑不苟，學者尊之。家居齋室，未嘗不冠服。文學行儀，爲邑所推重。

陳大成。由歲貢授曲江訓導，遷廣西隆安教諭。賦性倜儻，不干世利，造士有方，課子弟之外，澹然一無所與。子弟貧者，咸分俸以濟之。時曲江有桃李公門之稱。歸家，囊中如洗，悠然自怡，有春風沂水之趣，邑人仰其高風。

陳其峩。號星弁，登萬曆乙卯鄉薦。篤學潛修，著有《尚書注解》。性至孝，父王猷爲南雄府學訓，卒於官。扶柩直入于家，不恤浮議，哀毀骨立，名聞一邑。考選知州，未仕而終。子大用、孫作楫，俱明經。後裔繁衍，人以爲□□□□。

王工。字代侯，熙朝明經，少聰明穎異，歷試輒冠多士，數次棘闈不遇。友教生徒，半列學宮，淡薄自甘，邑人慕之。

貞女志

乾道陽而成男，坤德陰而生女，陽之不能無陰，猶男之不可無女也。彼女中以淑慎稱者，樹儀型於閨閫；以貞節著者，表芳名於鄉國，均宜紀之史冊，以志芳徽。庶乎死之日，猶生之年，作貞女志。

貞節

謝氏。教諭陳衡妻也，衡故時，謝氏年二十餘，誓不再嫁，始終節操靡渝。洪武十九年，知縣張昭奏旌其門。

賀氏。县民賀中和女，適邑民張謙，年二十五謙故，遺腹五，閱月，始舉一子。時流賊壓境，窘迫之甚，衆勸其改適，賀誓不貳心，孝事舅姑，老而愈篤。成化庚子，父老陳光大等白其事於督學趙瑤，已覈實欲□而旌之，未果，而督學卒。遺腹之子璲娶婦陳氏，年二十六而璲故，門祚衰零，陳氏孀守，與賀無異，一門雙節，尤罕覯云。

彭氏。諸生程明德妻。德故，時彭氏年十九。哀毁骨立，居喪以禮，事姑陳氏至孝，姑憫其早寡，屢勸再適，彭氏屏食以死自矢。嘉靖二十八年，坊表其閭。

黄氏。生員陳一德妻。德故，無嗣，氏時年二十一。矢志守貞，終始靡渝，鄉里以聞，旌之扁額。

陳氏。張鍾靈妻，年十九夫故。遺腹生子曰守禮，孀居守節，至老不渝。隆慶戊辰，里鄰具實以聞，撫按司道給獎，壽一百一歲卒，王按院嘉其節而助之葬，守禮事母以孝聞，龔按院給冠帶褒之。

莫氏。生員臧觀義妻。年二十一，觀義故，遺腹子曰自新，孀居守節，撫孤成立。萬曆十五年，里老具呈按院蔡夢說、提學郭子直，覈實獎之，年七十終。

藝文志

敕誥　疏　記　序文　碑詞　詩

古者先德行而後文藝，不欲人之慕名而失實。然藝文顧可忽乎哉。藝文之爲用也，廣上世之典謨、訓誥，纂而爲經者無論已。秦漢以來，詔誥、諫議、箴銘、圖説，學士大夫之載籍，詞人騷客之謳吟，藝文之爲類不一，然文運之正變，關乎國運之汙隆，纂修者所不遺也。至於古蹟、外志，終紀之以備覽焉。

敕誥

宋熙寧九年封陳侯文玉威德王誥

朕詔天下：凡天下川谷之神能出雲雨、殖財用，有功烈於民而爵號未稱者，皆以名聞，將遍加禮命以褒顯之。惟神聰明正直，庇於一方，供民之求如應影響。守臣列狀，朕甚嘉焉。論德報功，寵錫王爵，俾民奉事，不懈益恭，宜特封威德王。

乾道三年增封威德昭顯王誥

朕上接三神，下賓群祀。所憑在德，方致力於幽明，一視同仁，顧何殊於遠邇。雷顯震廟食，際天所覆，共昭奮豫之功；服嶺以南，獨㘚盛陽之施。糾陰兵而剪寇，沛時雨以利農。考觀民言，灼見洪佑。兹躋登於顯號，以發詡於靈威，尚迪休光，永承燕享。可特封威德昭顯王。

慶元三年增封威德昭顯廣佑王敕

惟王英聲赫奕，聰德昭融。加被雙龍，咸沾普天之澤；播厥百穀，茂臻樂歲之功。再加褒字之華，爰襲王封之舊，祗承榮渥，益衍嘉祥。可特封威德昭顯廣佑王。

明洪熙元年御史陳貞豫敕命

奉天承運，皇帝敕曰：朝廷設監察御史，欲其振紀綱而勵風俗，以弼成國家之治，非得剛方清直之士，曷克以稱。爾文林郎、都察院、交阯道監察御史陳貞豫，發身胄監，典司憲紀，亦既有年，克著勞績。兹特賜之敕命，以示褒榮。夫官以察爲名，以言爲職，在明大體而略細，故在愛君子而戒小人。其益壯爾志、堅爾守，毋私於法，毋撓於勢，毋訐以爲直，毋苛以爲能，明以燭之，修而不懈，尚有顯爵，以待爾成。欽哉。

洪熙元年御史父陳漢隆誥命

奉天承運，皇帝敕曰：朕惟人子者，孰不欲顯報其親。故子之賢而能宣力效職者，朝廷必推恩報之，所以顯親之心而勸天下之爲孝者也。爾都察院、交阯道監察御史陳貞豫故父漢隆，善裕於躬，慶延於後，是致有令子效用於朝，推厥本原，宜賜褒顯。今特贈爾爲文林郎、都察院、交阯道監察御史。靈爽不昧，尚其欽承。

洪熙元年御史母鄧氏誥命

奉天承運，皇帝敕曰：國家宏推恩之典，以寵任事之臣，其能盡心於職務者，則必榮及其親，所以示褒嘉而勵忠孝也。爾都察院、交阯道監察御史陳貞豫母鄧氏，慈惠善柔，著於閨閫，是以令子克舉其官。茲特封爾爲太孺人，祗服榮恩，益隆壽祿。

洪熙元年御史妻馮氏誥命

奉天承運，皇帝敕曰：朕惟人臣效勞於國，推本於父母，蓋亦有伉儷内助之力也，故推而下必及之。爾都察院、交阯道監察御史陳貞豫妻馮氏，克盡閫道，以相其夫，用能盡心於所職，朕用嘉之。茲特封爾爲孺人，服此榮恩，永光閨閫。欽哉。

奏疏

嘉靖八年林富乞罷採珠疏

爲乞罷採珠，以蘇民困，以光聖德事，竊謂無益之作，未有不害有益者，異物之貴，未有不賤用物者。故堯舜抵璧於山，投珠於淵，正爲此耳。自有珠池以來，祖宗時率數十年而一舉，非不用珠也，而以爲無益則不必用耳，非不採珠也，而以爲不可採則止耳。陛下法堯舜、法祖宗，而偶不得推類於此，必有大不當於陛下之心者，此臣所以斷之以理，而知其不可採者一也。

且珠之爲物也，一採之後數年而始生，又數年而始長，又數年而始老，故禁私採、數採，所以生養之。嘉靖五年，病死幾人，溺死幾人，得珠幾何。今止隔二年，尚未生長，恐少亦不可得也。或謂以人命易珠，今茲之役，恐易以人命，而珠亦不可得也。此臣所以度之以勢，而知其不可採者二也。

廣西地方盜賊縱横，猺獞盤據，調度頻煩。凡宗室祿米、官軍俸糧，大半仰給於廣東。況目今嶺東、嶺西兩道地方所在，饑民告急，盜賊乘間，竊發饋餉，日贍不暇。而廣西猺獞萬一靡寧，則調發轉輸又未有息肩之期。而於此時，復以採珠坐令某府某縣派銀若干兩，派夫若干名，派船若干隻，誠恐民愈窮而斂愈急。將至無所措其手足，而意外之變難保必無。此臣所以揆之以時，而知其不可採者三也。

昔漢順帝時桂陽大守文礱獻大珠，朝廷以爲幸媚，封以還之。元仁宗時，賈人有售美珠者，近侍以爲言曰：汝等當廣進賢才，以恭儉愛人相規，不可以奢靡蠹財相導。夫二君，庸主也，而此一事偶爾得之，則臣不敢以爲非也。陛下聰明睿智仁孝恭儉之主，而此一事偶爾行之，則臣亦不敢以爲是也。或謂珠之用，爲成造王府□妃珠冠等項而取，親親恩典，終不可廢，恐難遽止。臣以爲陛下之於諸王，寵之以恩禮，結之以忠信，厚其禄餼而通其情，不違其所欲，且使其知陛下不以儀飾而畧恭敬，不以綺麗而傷儉素，親親之情，彌久彌篤，又何論一冠之輕重耶？況該監題稱庫内尚有餘剩扁小珍珠，是猶可以備飾冠之儀，亦未遽至缺乏，如少俟數年，池蚌漸老，民困少蘇，徐取而用之，則陛下親親之義，愛民之仁，用物之節，亦並行而不悖矣。

嘉靖九年林富乞裁革珠池市舶内臣疏

爲應詔陳言，廣聖謨以答天戒事。臣照得廣東濱海與安南占城等番國相接，先年設有内臣一員，盤驗進貢方物。廉州府合浦縣楊梅、青鶯二池，雷州府海康縣樂民一池，俱產珍珠。設有内臣二員，分池看守，前項各官或用太監、少監、監丞，初無定銜。成化、弘治年間，樂民珠池所產日少。至正德年間，官用裁革，惟廉州珠池一向存留看守。臣竊計各官供應之費，市舶太監額編，軍民殷實，人戶各五十名，而珠池役占不減其數，珠池太監、額編門子、弓兵、皂隸等役，而市舶所用亦不爲少。及查先年番舶雖通，必三四年方一次入貢，則是番舶未至之年，市舶太監徒守株而待，無所事事者也。迨番舶既至，則多方以攘其利，提舉衙門官吏曾不與知，萬一啓釁，則該管官員固有莫知其由，而反受其咎者矣。況遞年額編殷實，及所占匠役無故納銀以供坐食，爲費不貲。珠池約計十餘年一採，而看守太監一年所費不下千金，十年動以萬計。割黄金之費，守二池之珠，於十年之後，其所得珍珠幾何。正謂所利不能藥其所傷，所獲不能補其所亡也。臣故以爲市舶珠池太監，俱不必專設，以貽日浚月削之害。市舶乞敕巡視海道副使帶管，待有番船至澳，即同備倭提舉等官，督率各該管官軍嚴加巡邏，其有朝貢表文見奉，欽依勘合，許令停泊者照例盤驗。若自來不曾通貢生番如佛郎機者，則驅逐之。少有疏虞，聽臣糾察，庶幾事體歸一，而外患不生。若欲查照浙江、福建事例，歸併總鎮太監帶管，似亦相應。但兩廣事情與他省不同，總鎮太監住劄梧州，若番舶到時前詣廣東省城，或致久妨機務。所過地方且多煩擾，引惹番商因而輒至軍門，不無有失大體。故臣愚以爲不如命海道副使帶管之便也。其珠池乞敕海北道兵備帶管，既系所管，汛地又免編役供需，禁令易及，民困可蘇。若謂珠池乃寶源重地，宜委内臣看守，誠恐倚勢爲奸，專權生事，憲職不得禁詰，諸司不敢干預，非惟費供億之煩，抑且滋攘竊之弊。故臣愚以爲不如命海北道兵備官帶管之便也。伏望聖上軫念邊方，軍民窮困，將市舶珠池内臣取回别用，其額編軍民殷實，人户及所占匠役並門子皂隸等役盡數裁革，仍乞降敕巡視海道及海北道兵備官各行嚴督。官兵巡察以待抽盤，看守以待採取，則省内臣二員之費，不啻齊民數十家之產，而地方受惠，邊繳獲安矣。

國朝順治十三年巡按御史張純熙招撫西海疏

爲恭報招撫情形，仰祈睿鑒，以安一方之生靈事。竊照臣肇、羅事竣西巡，七月初六日抵高州考察，即接雷、廉各道協禀報，土寇王之翰雖繳印投誠，尚無定局。廉州新恢，所在風鶴，兼之海寇劉成玉勾黨，慘殺人民，捉擄男婦，且勒民投順，徵糧比餉，人心洶洶哭奔。

臣聞之，食不下，寢不安，遂行高州道府批選鐵騎二十名，步兵四十名。臣減去儀從，單騎同行。入雷州境界，三面環海，一望曠莽荒涼之狀，臣不能悉也。每夜宿即與賊鄰，時聞炮火之聲。又與虎爲伍，時聞喊號之聲。又颶風暴雨，揭瓦翻屋。臣夜坐不寐，各兵枕戈披甲，幸於七月十五日始到雷州。城中茂草侵天，瓦礫滿地，城外新招殘黎，皆編草爲窩，苟延餘喘，觸目傷心，非復人境。臣大張告示，宣布皇仁，親問疾苦，招流亡，考生童，鈐兵將，閱操賑貧，賞兵祭虎，士民聞風，遠近俱來，復業就試，不及薙髮者俱剪髮來奔。臣逐一安置，悉准考試。隨與道協商議，特書遣海康縣署典史郭繼漸、協標署把總王應試親往西海招諭王之翰，令其薙髮，之翰隨具來禀。臣見其詞意真切，悔罪祈憐。臣復寫書遣同知周熛、推官趙永祚親入巢寨。之翰見臣一片真誠，遂出與二官相見，不勝歡欣。之翰隨出，嚴示曉諭，彼寨士民盡行薙髮，隨令彼監紀同知陸問，參將李青、朱海、辛耀、梁元、楊騰，並賫戶口冊籍隨同知推官來見。臣同道協各官親行筵宴，各捐賞袍帽。臣將自己袍帽一併給賞，各皆感激歡忭。臣以所報戶口恐有遺漏，復行駁造。今復補造文武官、生童、各社男婦戶口共五千四百余丁口。尚有住居僻遠，一時不能盡造者。臣以新撫之民，自應寬其稅，下令緩徵。但彼處里排各願輸糧，臣復商議道府暫行開徵，聽其自納，不事催科。業於八月十一日徵收銀四百二十餘兩，余俟納以資兵餉，惟之翰自揣衰病，不能就仕，哀乞老甃巖穴，尚未薙髮。但之翰士民既已歸附，亦日來哀祈求臣題請。臣見士民如此傾心，思蔡人皆吾人也，向不過爲吳元濟淮西故事耳。若不據實題報，則士民終不見信，之翰又生狐疑，彼此持疑，久則生變，勢必搆怨興兵，玉石俱焚，可惜五六千戶口徒膏原野，不惟有傷天地之和，恐亦非我皇上懷遠綏荒之至意也。且兩粵伏莽尚多，雲貴未入版圖，遠近聞之多生疑貳。伏祈皇上普如天之仁，擴好生之德，或暫寬之翰之髮等諸流放，而得五六千人之民，收西海一帶之土地，安雷陽合郡之生靈，即使李定國諸逆聞之，咸慕皇上之寬大，解甲投戈，稽首來臣，未可知也。

此一役也，不煩勞師動衆，縻兵費餉，坐使十餘年負固之寇，輸心歸誠，從此兵戈可息，漸見太平，皆仰賴我皇上之威靈，兩藩督撫臣之籌略。地方官如雷州道臣蕭炎苦心調劑，加意撫綏，協守署副將喬增遷、雷州府知府陸彪身履危疆，同心共濟，雷州府同知周熛、推官趙永祚不避艱險，親入賊巢，道標中軍守備劉日從、協鎮標官喬文煥皆往來招撫，素著勞績。臣目擊親閱，俱不敢沒其功。之翰前繳僞勅二道銀印一顆，已經撫臣李棲鳳收貯訖。臣尚繪有雷州地圖一幅，抄白臣招王之翰兩次書稿，之翰兩次回稟，並戶口人丁冊籍送内院戶部查照，瑣屑不敢仰瀆宸覽，相應一併題報。可異者，雷甫就緒，靈山又賊陷。部選知縣徐尚介，並縣丞教巡等官一時俱被慘殺，廉州欽合危如壘卵。臣一面飛檄鎮臣栗養志並道將各官協力夾剿，臣仍介馬親馳，相機招撫，察明情形。另疏馳報外臣，謹會同平南王臣尚可喜，靖南王臣耿繼茂，廣東巡撫臣李棲鳳，合詞具題。伏祈皇上勅部速議，具覆將之翰投誠各官陸問等酌議錄用，雷屬各官分別紀敘。臣仍行道協諭之翰，令其薙髮。庶已歸者感恩思奮，未歸者亦聞風向化矣。奉旨兵部議奏欽此欽遵，臣等看得王之翰帶領人衆向化投誠，宜行議敘，但王之翰尚未薙髮，應行該督撫按諭令薙髪，具奏到日再議，敘祿賞賚。參將李青、朱海、辛耀、粱元、楊騰隨來投見，造送歸順戶口甚多，俱應照原銜給以參將劄付交與全俸隨標效用，俟立功另議，男婦戶口共五千四百余丁。應令該督撫按酌量安插其調徵。參將喬增遷、中軍守備劉日從不避艱險，往來招撫，相應記錄以示鼓勵。其喬文煥、王應試查委冊無名，例不准敘，應行該督撫酌量獎賞可也。等因順治十三年十一月二十二日奉旨，是依議行，既又奉吏部議得土寇王之翰投誠無定，以致廉屬一帶所在風鶴。今按臣張純熙單騎親入雷境，能使渠魁繳印投誠，及雷州道臣蕭炎加意撫綏，雷州府知府陸彪身履危疆，同心共濟，同知周標不避艱險，親入賊巢招撫調徵。參將喬增遷、中軍守備劉日從不避艱險，往來招撫，均應紀錄以示鼓勵可也。

順治十三年御史張純熙臨雷考試特恩疏

爲急收士心以系四民之望事。竊照雷州一郡，僻處天末。我國家定鼎，皇上右文，海隅日出之邦，罔不率服。無如恢克以來，兵荒盜賊，疊見頻仍，以致詩書灰燼，絃誦絕音。自王之翰霸據海西五年，兩舉賢書未得一沾盛典。臣到雷下學行禮，人人驚歎爲異舉。臣因商諸道府，傳檄招徠，而深山窮谷無不踴躍趨赴。在王之翰所占踞地方，亦皆剪髪而來，求臣收試。臣爲開塲，如例考試，揭案之日，歡聲雷動，咸云自明末迄今二十年不覩此矣。臣面行發落，道臣蕭炎加意作養，捐備花紅鼓吹迎送事畢，陸續告考者不絕，皆山海阻絕感慕而來者，臣量爲收試附案。是舉也，先收士心以爲民望。乃臣仰體皇上懷柔遠人、曲示招徠之計。但名器出自朝廷，臣不敢輕易，謹據實題請。伏懇皇上垂念海角士子，廿年不沾王化，將臣考過生童，恩准收學，優等者照例幫補。又從來考試以優劣分別六等，臣念雷士兵火餘生，書籍俱無，筆硯久廢，僅分別三等，後不爲例。相應一併題明部議奏覆，上允之。

記

宋李仲光百丈橋記

雷陽多沃壤，城東良田彌望數千頃。直北半舍爲特侶塘，周廣四十里，受山溪之水而不溢也。乾道間，郡守戴公之邵從而匯之，以便灌溉。築爲堤岸於其上，創爲八橋，以濟行者。然循是堤往來，不如捷出之徑，故民間又建橋于中流，以便負販，號曰百丈橋。歲久橋壞。嘉靖十六年，太守陳斌復命報恩寺僧妙應，即其舊而新之。乃緣化人間，功苦食淡，晝作夜息，率其徒五十餘輩，巧者運謀，壯者竭力，伐石海山，水航陸負，肩赬足躉，人不告勞。謀始於癸未，告成于甲申，周歲乃竣事。成橋五十丈，南北堤道各半之。縻錢一百余萬，而畚鍤之具、飲食之資，與夫募工之費，皆取辦焉。官無廢鏹，民無橫斂，而工巳集矣。

越明年，予分教南來，妙應踧踖而前曰：橋雖成，未有述者，願藉斯文傳之不朽。詰其巔末，則戚然曰：是橋經始馮氏，又葺於真空妙湛師，後圮壞，郡司馬趙公伯獻俾鄉人陳師正經之，蓋昔之爰度者三矣。以地勢沮洳，牛羊弗禁，乃壞於成。倘辱惠貺，願志其艱苦以詔來者，俾蠹者易之，欹者扶之，苟利及無邊，志願足矣。予惟斯橋成而敗，壞而葺，舉事者凡四，而三成於緇流。意其學，以利物爲方便，故不憚勞；以堅固爲定力，故不作輟；無妻孥之累，故不營己私；持報應之説，故不肆欺弊。其用心也一，故大者倡，小者和，不待勸而勸，且力有不爲，爲之而成，成而速。推是心，以往將無所不可爲。余病乎世之逐利者，爲之難，舍之易，即賢士大夫且有以難易動心者，故其學誠未易言也，而特書之云。

明許端宏科貢題名記

人君任賢圖治，必養之於學校，選之於科目。非學校無以爲作興之基，非科目無以爲進身之階。古昔用人率循是道，考諸載籍可見矣。洪惟我朝太祖高皇帝，恭膺天命，而混一四海；太宗文皇帝，紹述洪休，而綏靖萬邦。列聖相承，益隆文教，凡囿乎天覆地載之間者，莫不涵濡至化，而以遭時自奮爲慶也。

遂溪爲雷州之屬邑，僻在海隅，土地風氣之異，民俗習尚之殊，文章政績之士，間聞於前。茲幸際文明之運，瞻麗日之輝，學校之政舉，人材之業充。自洪武庚午年，迨宣德壬子，登桂籍陟顯榮者，繼不乏人。遞數年通而暫塞，亦理之常也。天順辛未冬十月，雷郡推官豐城徐侯清以儒術發身，以廉順守職。因督公務至邑，首謁先聖廟，進諸生講解畢，慨歎曰：聖天子夙夜匪遑，求賢輔治，爾諸生皆秀髮明敏，薰禮讓而服詩書者，前哲之繩繩，而後進之泯泯。蓋激勵之未至，感發之未深。爾視列科貢士名氏，始書於壁，尋易以版，歲久漶漫，字不可辨。乃謀諸縣佐黔陽楊忠等，礱石而紀載焉。仍虚下以俟來者，俾諸生出入起居。仰既往之休光，思承紹之美跡。而以策名科第爲榮，馳騁遐軌爲勉，誠感人默悟之機也。謂余忝教宜記之。

於乎爲政之首，莫重於學校，學校之典，尤在於獎勵。今徐侯之用心，可謂知所先矣。諸生能由此而奮厥志，則掇高科膺阜秩以昭義問者，不占其孚矣，皆是徐侯有以啓之也。既塞而通，庸非理之常歟。雖然名題于石，固久於壁與版矣。然尤有久於石者，惟在乎立德立名可以垂竹帛而傳不朽，是雖堅不逮石，而光則踰于石爾。諸生毋棄以所學，毋規隨而失令譽，庶無負於朝廷之作養，而徐侯與吾黨之期望亦不虚矣。姑記以待。

國朝邑進士休寧令洪泮洙湖光巖山水记

邑東南六十里，地勢自湖母嶺盤旋而南，石峯兀突，巖壑蔭翳，中有湖，宏淵莫測，字曰湖光巖。舊爲寧、托二村，隋開皇間陷爲湖，湖即二氏遺址。初名陷湖。宋靖康，有僧琮師居焉。建炎三年，李忠定公綱來雷，至止其地，手題『湖光巖』三大字，勒之於石。湖光岩以是得名。

岩南數里許跨海，隋是〔二〕鐵杷縣是也。東瞰滄濤，西北鞏縣輿，爲遂稱第一山。奇壁干霄，古扃㴱

〔二〕『是』當爲『時』。

邃，大士莊嚴，羅漢布列，修竹茂松，時與湖光相掩映，洵勝槩也。等而上之，匼㶿幽深，非扳樹援梯未易到其境地，如來妙相，如在天際。然皆天然奇巧不煩造作者。左旋石室連綿，有岩名曰『七星』，仄徑雲封，道僅通鳥，從水滸灣環而入，魚躍鳥喧。個中別有天地，避亂者時依之。右旋舊有白衣菴阯，宋邑人紀應炎讀書處，後人相沿率館於此。咿唔之聲與風木泉聲並之，問津利往水引漁者，花藏仙壑，春風不知，未許俗人問也。吾家去湖巖三十餘里，時逐隊往還，朝則行，暮則止，乘輿而遊，力倦而歸。其間曲徑奥室，未能周歷。順治辛丑秋之重陽夕，揖諸英少同遊，惠而得朋，欣然再宿，山水佳趣飽之以歸。自知與物無忤，與世無競，翛然出塵之致，真與王摩詰之輞川、柳柳州之鈷鉧、杜甫之浣溪、元結之浯水，並足千古。因歎曰：斯誠天造地設之不可易也。登高送遠，使人神飛。方丈之石室如在，謫仙之翰墨猶存。李公既海內盛名，上人亦以此增價。若夫俯仰高深，憑弔今昔，寄懷於千百歲之下者，則蘆山主人洪泮洙也。是爲序。

序文

知縣宋國用重建湖光巖書室碑記

雷陽古要荒地，秦漢以前文教不通。自後版屬羈縻，郊遂所不能移者，極邊安置，幾與崇山、三危等地異名同觀，無足齒者。然遇有安危，而道無通塞，士君子設身處地，視夫利鈍升沉，不過浮漚石火，何容心焉。有宋萊公業隆上下，忠定公名蓋天壤，咸爲權姦忌憚，遂罹遠謫。二公方怡然就道，登臨詠讀，以致彬雅蔚興，代不乏人。而湖光巖之額永垂不朽，豈非地以人靈哉？

余來牧斯土，公餘休沐，輒爲籃輿躡蹬，覽其奇峰崒嵂，幽徑難通，綠水汪洋，清淵不測，恍然如見二公心志。而讀書古跡，蔓草殘雲，心甚恥之。幸逢聖天子巡方臨學，崇興文教，無論窮谷僻陬，凡有先賢書室，悉令修葺。余隨捐俸，卜期搆材繕舍。雖曰巖自天成，亦大資夫人力，更欲新創書室三間，光前休而啓後學，以爲講誦憩息之所。時有在事同人鄉士大夫，咸爲擎襄衆舉，不兼月而落成。庶使名山增色，曩哲流光，將以振興多士，領袖後髦，斯無負我皇上廣勵樸棫之至意也。若云祇園乞食，玉殿施金，尊奉西方聖人，此僧家事耳，又多乎哉？因爲之記。

知縣宋國用重修東華山寺序

金剛非四相，而法華則言實相，蓋相不可有，亦不可無，欲識真詮，難免俗諦，所謂以莊嚴身現實相印也。假令雁堂蝸篆、金宇蟻封，相既不全，何況非相？

遂邑東華山寺建立已久，其間大士現送子相，準提現諸寶相，文昌現功名相，而總以觀音堂額名。蓋以觀自在，慈航度世，能作種種相，故無感不應，有求必遂耳。今登其殿，蠹棟蟲椽矣；入其庭，鵲棲豕穴矣。且至贋祠惑俗，行館滅光。予雖傷心實切，而綿力難從，適有緇流漢相新來住錫，請以獎募從事。凡屬好施檀信，不必捨地布金，即片桷只瓦，隨念具足。予曰：非須彌芥也，與恒河沙功德將無同。是爲之序。

知縣宋國用重修關帝廟序

帝之浩氣充天地、貫古今，或謂荆湘漢郢間獨多香火情，迺巡宫行殿遍峙要荒之區，非若張昭侯之鍾靈巴蜀，馬伏波之震威銅嶺已也。予少遊南郡，親炙帝光，見其碧宇璇室，追溯當日之忠心義節，儼乎若臨，未嘗一日置諸懷來。今叨承民社，目觀帝廟頹焉自廢，豕遊穢積，荆榛瓦礫之茫茫然，俎豆無光，當不僅都人士之恥也。然遂處日南，滄桑屢易，捍災禦患者伊誰之力，保國衛民者伊誰之功。且自縉紳青衿以至胄士牧童，莫不景仰畏服，乃鎡金黍米慷慨無聞，片瓦只椽構求不易，豈止當事者之羞哉？顧基址湫隘艱於擴大，予望同志者隨願具足，踵事而增華之。亦曰盡如在其上，如在左右之誠耳，予敢好爲說鈐也耶？

知縣宋國用重修城隍廟序

予不敏，承乏椹土，方虞民義未務，何暇敬事鬼神。然通幽迪明佑民，義不逮者，莫城隍若矣。夫人深謀隱事，密不能告妻子，術可以欺影形，矧乎堂簾隔遠，頃刻支離，詎能盡爲擿伏而一惕，以福善禍淫之説，莫不悸心縮舌，奚俟入廟思敬瞻神知畏哉。乃登其堂，茂草鬱然，馬渤牛溲累累然，斷垣破牖，穴豕鼠而藏蛇蟻，不可勝述，迺冀神爲式憑，其誰信之。且遂俗亦善事鬼神矣，鳴金吹角，不惜傾資以媚鬼，獨於正神之廟，片瓦寸椽若或吝之，恐非都人士之本願也。誠能不靳巨細，努力擎襄，行見棟隆宇奂，增一邑之赫耀。予雖貧吏也，敢不捐俸以從。

碑詞

明郡進士御史馮彬撰邑侯班公去思碑

士君子臨政親民，是惟崇簡樸以持躬，勵精勤以應務，廣仁恕以蓄衆，貞廉介以保終。四善備，則聲華日流，民相與感而慕之。有由然矣，豈聲音笑貌之所能致哉。

遂溪，雷支邑也，令之賢者不乏人。粤稽郡吏若王公淵之，辟土定賦，功昭開國；陳公義之廉平自持，久任不渝；劉公玉之材守兼濟，加意學校。此其表著者。今則騁逸軌而追先哲有侯焉。侯字德純，别號江埜，直隸和州人。嘉靖己亥，由胄監令遂溪，沉毅敦綽，高才練識，不矯情於邊幅。遂溪承兵殘之後，田薄而民瘁，且衝路往來，給費日不贍，賦急而民益以困。侯至，殫心綜理，因俗成治，爲政簡樸，凡供應張辦取給於民者，裁省各半，且寬平樂易，務在息民，訟獄小犯，笞而釋之，毋急民以必訟，故民賴以安，其餘庶務悉裁諸己，未嘗假息於吏胥之手。三載間，持守益篤，門絕苞苴之染，此其大致者也。至若瓊崖用兵，兩府入境，公私旁午，侯處分裕如，上下嘉獎焉。

邑有謀財殺三命者，莫之能究。侯廉得其實，一訊而服，防囚髒獲於他，邑人咸異之。若夫檢人命，立釋王鳳之冤。勘屯田，軍民咸稱其便。加禮學校，月給儒生油紙，以勵其勤，皆政之卓然者。是故民樂其德，士仰其誠，賢聲茂著，當道咸嘉重之。

歲癸卯，侯考最之京，士民扳轅弗能，得相與謀，勒石以志公德。余觀侯，外若和易，內實嚴明，才有餘而德益厚。宜夫遂民之感慕深切而久且難忘也。昔朱邑令桐鄉民戴之若父母，邑既去曰：必葬我於桐鄉，夫以子孫之愛不及桐鄉之民，則知實德之入人深矣。侯之於遂，非猶邑之桐鄉歟？侯太父文貞公任司寇掌邦禁功紀，彝常厥考鈍夫先生隱德弗耀，昆友定山先生以祖學傳華胄淵流，克稱世德。宜乎，侯之治績卓卓，可紀如古人也。系詞以志之曰：『鐵杷之鄉，有翼厥疆。數吏於茲，代亦有良。惟我班侯，令德允臧。來治茲邑，惠澤洋洋。寧我士民，父母之望。繼軌先烈，政績彌光。茲也行邁，遺跡甘棠，有棠之植，勿剪勿傷。雨露沾濡，載茂載蒼。侯德之思，曷由以志。』

詩

宋丞相貶雷州司戶　寇準

題曹氏園亭

野靜長原迥，亭開夕吹清。登臨時一望，海樹與雲平。

和陳司馬見招

潁川公子重賓僚，花竹開筵遠見招。飲至夜深人欲去，颼颼風雨響芭蕉。

留題英靈陳司馬宅

公餘策馬到英靈，幸有官僚伴使星。人物熙熙風景盛，好將佳會入丹青。

宋學士承旨貶儋州　蘇軾

在儋寄子由

九疑聯綿屬衡湘，蒼梧獨在天一方。孤城吹角煙樹里，落日未落江蒼茫。幽人拊枕坐歎息，我行忽至舜所藏。江邊父老能說予，白鬚紅顔如君長。莫嫌兄弟隔雲海，聖恩尚許遥相望。生平學道真實意，豈與窮達俱存亡。天其以我爲箕子，要使此意留要荒。他年誰作地輿志，海南萬古真吾鄉。

別子由渡海

我少即多難，邅迴一生中。百年不易滿，寸寸彎強弓。老矣復何言，榮辱今兩空。泥丸尚一路，所向餘皆窮。似開崆峒西，仇池迎此翁。胡爲適南海，復駕垂天虹〔二〕。下視九萬里，浩浩皆積風。回望古合州，屬此琉璃鍾。離別何足道，我生豈有終。渡海十年歸，方鏡照兩瞳。還鄉亦何有，暫假壺公龍。

〔二〕清王文誥輯注《蘇軾詩集》作『雄』。

峩眉向我笑，錦衣[二]爲君榮[三]。天人巧相勝，不獨數子工。指點舊遊處，蒿萊生故宫。

明巡撫尚書征黎駐雷　蔡經

過遂溪書事

百雉荒城小嶼陰，熊車行部此初臨。野田索莫人煙少，茅屋橫斜風雨深。戎馬共馳黎母役，催科應憶石壕吟。海隅多事嗟民瘼，保障須存撫字心。

九日邀按院登一覽亭四首

其一

蒼茫身世似浮槎，蹤跡間關到海涯。萬里啣恩天上闕，五羊回首夢中家。風高還賞三秋景，客久同看幾度花。柱史霜威欣接膝，茱萸共泛海天霞。

其二

秋風何事泛仙槎，欲斬長鯨黑水涯。帝力不知休採芑，君恩未報敢言家。興來且盡盈尊酒，老去難簪滿鬢花。寶刹層層堪送目，天邊歸鳥襯飛霞。

[二]《蘇軾詩集》作『水』。
[三]《蘇軾诗集》作『容』。

其三

滄溟淼淼擬乘槎，自笑浮生未有涯。五嶺頻年馳使節，一竿何日傍漁家。光輝幸挹中臺彦，瀟灑曾看上苑花。佳節不妨棲海嶠，萬重秋色瀉流霞。

其四

極目南荒海上槎，風波漭漭去無涯。通津盡日馳車馬，野老何時臥室家。沙淨湖空飛白鳥，地偏秋暖未黄花。明年相憶登臨處，一覽亭高掛紫霞。

海北兵巡道　翁溥

東城樓宴

歲暮孤城上，樓高四望開。野陰平接海，山勢迥擎雷。汛梗身仍遠，飛雲首重迴。同袍萬里客，落日共啣盃。

宿横山堡

空山落木雷陽路，野戍荒煙歲將暮。夕陽繫馬向孤城，窮徼何人歌五袴。十年湖海戀明光，萬里庭幃思故鄉。冠蓋明朝問民俗，鷓鴣今夜斷人腸。

國朝少冢宰　杜臻

出雷州東門閱白鴿寨並雙溪砲臺

十里雷東道，清時氛祲消。樓船白鴿盛，鎖鑰錦囊遥。孤塔淩城堞，雙溪帶海潮。耕耘春正好，生計及漁樵。

同李撫軍登家山嶺望西海

爲覽雷西勝，中丞共使車。家山開宿霧，海道接流沙（家山南有流沙港）。抵掌籌邊切，披圖對景賖。還期荒野外，編戶盡桑麻。

武進士　江南人　錢方起

度嶺

東粤天開道阻長，嶺南高望曉蒼蒼。千尋丹嶂連空起，百轉清溪往海忙。風景入冬渾似夏，岩花挹露未經霜。雁飛不到知何處，身在梅心古驛傍。

雷陽吊古

爛字殘碑處處横，南朝故實盡塵羹。章惇自昔居難僦，蘇氏於今亭尚名。信史千秋誰近是，東流萬古孰能平。願留一片蕭條地，喚醒他年未了情。

二蘇亭吊古

擎雷風景近如何，每憶蘇亭不忍過。萬里投荒猶兩地，暫時攜手共離歌。遺文有碣苔横亂，餘韻無風水自波。寂寂看花人去後，牛眠春草夕陽多。

遂陽八景

邑令　宋國用

湖光鏡月

縣東南六十里，湖光巖前，一邑勝境。

峭壁懸清湖，澄川照玉壺。遊魚驚杵搗，噪鵲亂枝呼。鑒撤光還在，霞殘影若無。纖埃毫不染，同繪水天圖。

陸泉冰心

在府城北二十里，宋太守陸瓚公泉。

炎方罩碧霞，刺史獨清華。鹿洞車隨露，羽經玉點茶。山安泉出乳，地静石生花。憩足遊亭下，冰心照白沙。

百丈通津

特侶塘有百丈橋，宋太守李仲光有記。

誰峙白雲坡，驅車緩步過。塔搖天上影，虹駕水中波。蜿蝘蛇長臥，潺湲石刺多。洋田今已熟，遲聽野童歌。

鹿豬蓮洲

在東海島上。

寧華海外叢，羞與俗塵同。藕接雲根白，荷鋪石渚紅。沙浮隨上下，蒂固任西東。狂蝶紛紛採，孤貞獨自雄。

蓬萊花仙

灃洲地，縣西南二百里餘，在海島上。

捷徑豈天臺，幽香自可裁。輕搖岩下舞，仿佛葉中開。海闊花生浪，峯高石鎖苔。飄揚難擬似，清淨即蓬萊。

七星拱秀

即七星嶺，宋蘇東坡題其石。

北斗洵非遥，南煙趨紫霄。峯清天外月，石煥海邊潮。錯落文光峙，參差筆勢喬。七星應不遠，環抱聖明朝。

石門雙峙

縣東四十餘里。

萬壑茫無間，石門鎖一關。魚龍驚合水，斗月淡分山。玉柱重崖立，金星對面攀。安瀾從此入，海若列朝班。

東海波恬

雷志八景之一。

飛波動海雲，下瀨羡將軍。浪靜鯢眠穩，風和月影紋。蜃宮駕閣彩，鈴雨奏醪薰。孤島今航渡，桑麻遍處聞。

教諭　陳繼度

湖光鏡月

十里煙波蕩漾清，隔花遙唱打魚聲。鳥歸水岸千林迥，月到湖巖一片明。華露遠天侵寺冷，薰風南國上衣輕。共傳忠定逢僧處，留得詩題在翠屏。

陸泉冰心

陸公爲政有循聲，留得甘泉共著名。幽潔自宜高士濯，空明長比使君清。氣通山澤隨潮長，品試茶經汲月行。共道楊雄能奏賦，臨流無限古今情。

百丈通津

濠梁遠接古津頭，碧樹參差入望幽。烏鵲橫飛星漢渚，彩虹長飲海天秋。詩吟驢背過斜日，釣罷漁歌起夕舟。一自長卿題去後，只今誰得繼風流。

鹿渚蓮洲

芙蓉十里接洪波，疑是仙洲近絳河。暇日偶來乘桂楫，輕風爭送採蓮歌。紛紛紅霧金沙映，冉冉清香玉井多。太華峯頭開十丈，較將鹿灩近如何。

蓬萊花仙

瀏洲花島即蓬萊，玉蓝紅霞拂岸開。王母好將仙種護，飛瓊曾折豔枝來。蟠桃天上虚傳熟，月桂人間總易栽。自有清香遺海外，伊誰移植向瓊臺。

七星拱秀

海上曾過宋逐臣，書題猶見墨痕新。豈因萍梗依南極，遂借峯巒拱北辰。日日山光長聳翠，年年斗柄自迴春。攜來蠟屐舒登眺，詩滿奚囊得句神。

石門雙峙

雙闕峩莪蒼靄間，中流相對日潺潺。雲連海上朝長曉，月帶潮來夜不關。春暖魚龍乘浪出，天晴鷗鷺浴波間。東溟此見乾坤闢，疏鑿何年控百蠻。

東海波恬

東望悠悠盡海天，安瀾人尚說當年。微風不動滄溟上，旭日長懸若木前。夜釣一竿乘月出，春潮萬里與雲連。盡消險阻南荒外，舟楫時思濟巨川。

廣文　莫光斗

湖光鏡月　次宋堂翁八景韻

百里擁名湖，波光動玉壺。虬龍隨戲舞，鵁鷺任歡呼。霽月澄潭照，陰風積水無。養成溥萬翮，變化有南圖。

陸泉冰心

天南五色霞，郡守兆英華。孝肅清風硯，羽公廉節茶。褰帷民祇懼，岐穗麥抒花。沐浴甘泉上，精誠繞白沙。

百丈通津

大道依雲坡，賢豪仗節過。長虹橫秀岸，巨海沒揚波。山石精靈隱，津梁龍馬多。稻田遍沃野，民洽太平歌。

鹿豬蓮州

天際有孤叢，物華迴不同。瀠洄汀島秀，菡萏渚洲紅。十丈高河北，千株遜海東。愛蓮聞茂叔，千古與同雄。

蓬萊仙花

隨在挹仙台，孤芳披露臺。偏儻塵外發，不向俗前開。窈窕非凡品，香姿異衆苔。滄洲何處是，茂對有蓬萊。

七星拱秀

天□豈迢遙，高峯聳碧霄。連環如伴月，吐彩更光潮。映物聯珠燦，懸空一斗喬。照臨敷下土，鞏固萬年朝。

石門雙峙

勁敵兩崖間，衆流統此關。狂奔無溢澤，屏衛有環山。峭壁驚孤峙，梯途可共攀。往來安反側，萬古自班班。

東海波恬

茫茫萬頃雲，鎮定伏波軍。大澤安風伯，長江靜水紋。樓船無下瀨，蜃閣集南薰。清晏天家福，欣傳萬國聞。

邑進士　洪泮洙

陸泉冰心

天生南守闢荒煙，高誼反將北斗懸。象海環瞻新歲月，扇沙無改舊山川。清心如水幾人似，遺澤垂棠此地傳。誰道遠來多瘴疠，炎方尚有陸公泉。

鹿豬蓮洲

幽芬迥出復何儔，幾度人間不老秋。面似六郎香更遠，步憐妃子色長留。仙姿不受塵埃點，玉骨任教風雨稠。羞向吳宮競秀麗，清涼剩有百花洲。

百丈通津

陣陣風清百丈長，蒼茫天際水雲鄉。飛沙堆磧埋歸路，斷石横波迎夕陽。周道當年歌砥矢，畏途此日詠康莊。逢人多少農家子，牛背吹笙引鳳凰。

蓬萊花仙

煙花島上四時開，夢入滄洲好遺懷。聖世恩波饒澤國，王家膏雨沐春臺。崆峒象外遺仙掌，浩蕩空中無俗埃。舉首應知紅日近，人生何處不蓬萊。

東海波恬

海色連天鼓豔陽，滄洲路杳古仙鄉。光瑶珠浦波添錦，彩結蜃樓氣致祥。贔屭不驚漁父夢，鮫宫一任海鷗揚。應知咫尺扶桑地，長看澄清此一方。

七星拱秀

層巒踈散自嶸崢，忽見南天北斗横。平浦山頭呈特秀，岐嶷頂上聚群英。躔分奎璧千年照，氣列薇垣一樣清。留得坡仙題昔句，好將選勝並天生。

石門雙峙

絕壁崔嵬水一灣，蒼苔古石碧峯寒。玉門重樹擎天柱，金莖雙懸承露盤。捧月潮聲開海道，追風帆影逐洄瀾。登高何事尋歧路，採勝奚囊自往還。

湖光鏡月

獨步巖頭四望空，雲堆樹裏影朦朧。遊魚縱壑穿波徑，野鳥踏晴向晚風。半榻撞鍾緣未了，萬竿飄竹韻猶工。青山若解主人意，留作磨崖萬古同。

邑庠生 鄭王尹

陸泉冰心 次洪先生韵

君心如水絕塵煙，憩足冰壺姓字懸。雷郡經年苦鱷海，陸公到處瀉龍川。味甘仿佛楊枝滴，澤重依稀棠露傳。宦況從來皆熱境，此中冷淡即清泉。

鹿潴蓮洲 次洪先生韻

紅雲翠葉水中儔，惱殺繁華海外秋。羞對六郎爭面艷，卻同君子任山留。花開島上知人少，香繞城東藕氣稠。百朵嬌姿憐玉骨，渚清沙白一滄洲。

百丈通津 次洪先生韻

隱隱濤聲恨路長，飛虹浮駕水雲鄉。一泓匯合擬鄱澤，百丈橋通甲洛陽。石穴幾經嗟築土，雷峰今已變康莊。中流砥柱人何在，擬作朝陽鳴鳳凰。

蓬萊花仙　次洪先生韻

桃源路曲待誰開，指點花蹤極目懷。洞口青叢鎖□嶺，巖中玉屑落瓊臺。風搖淡質渾無跡，雨打香心不染埃。綽約庭前饒逸趣，白云深處是蓬萊。

東海波恬　次洪先生韻

憶昔將軍平粵陽，輕帆直指鱷鳴鄉。旌飛日下龍安舞，劍洗濤中斗報祥。信是中原神圣起，不憂繳外海波揚。南交路馬英靈在，永使銅標豎此方。

七星拱秀　次洪先生韻

嵯峨錯落拂雲崢，翠色排空霄漢橫。月映星華護北極，山羅筆勢樹南英。峯峯斗氣迎嵐合，對對文光入畫清。此處奎躔應不遠，紫垣遙照海邊生。

石門雙峙　次洪先生韻

萬里洪波瀉水灣，奇峯羅列拍舟寒。天開玉柱呈文錯，地鎖金鼇漾碧盤。雙闕砥流頻擊浪，一竿垂釣自安瀾。應知槎海人難到，擬取支機日下還。

湖光鏡月　次洪先生韻

一片清光映碧空，峯青浪白影曈昽。游魚戲舞蟾宮樹，玉兔驚翻鮫殿風。斗煥山靈呈幻巧，波圓桂魄顯神工。粧臺無事菱花照，秋水長天一色同。

邑庠生　陳一言

八景聯詠

扇沙盈望陸泉清，東海無波湖月明。鹿渚蓮香疑上苑，蓬萊花發似仙城。七星秀拱凌霄漢，百丈津通雜瀑聲。雙峙石門千古壯，遙從嶺外擁神京。

湖光巖

湖光爲遂溪首境，在縣東南八十里。古稱托、甯二村居民以食白牛，故陷而爲湖，因稱陷湖。詳見『古蹟』。山自湖母來，於大嶺中渦爲湖。四圍皆絕壁陡立，空洞其中，如室可居。湖中□水，周圍四五十里，水中皆黑沙石，故至清無垢，沒肩尚數足指紋。其中望之，色藍而綠。土人以綫墜石測之，不得其底。時見大魚浮水面，長數丈，故謂蛟蜃之窟宅，蓋異境也。以遠縣，故遊蹟罕至。宋靖康中，有僧琮師居其中。建炎三年，丞相李綱南謫過此，琮師見之，贈以詩。比召還，復贈師二絕，題其洞曰『湖光巖』。寶祐間，邑人紀應炎讀書於此。

宋宰相李綱贈琮師詩

師所居巖距城八十里，巖湖上水面十余里，結茅數間，巖空可居，松竹環合，景物幽勝，殊恨太遠，不能數到也。

萬里謫官來海嶠，眼中衲子見絕少。琮師乃是雷陽人，遍歷叢林參學飽。歸來卜築瘴海濱，十里湖光巖洞小。深居不復即城市，宴坐惟知侶猿鳥。惠然顧我意良勤，野鶴孤雲自輕矯。風姿已含蔬筍氣，語論更將藤葛繞。黄茆深處見筠篁，使我困懷欲傾倒。爲君聊復戀幽棲，訪舊終須乘漭渺。煩師飛錫過天台，爲問了翁何日了。

綱還至城月師追送之再別以二絶

其一

衲子來參去不辭，更勞飛錫遠追隨。贈師銀布牢收取，便是金襴付囑時。

其二

好住湖巖攝此心，有緣終會有知音。梁谿老去孤峯頂，月白風清難更尋。綱自號梁谿居士。

元宣慰使曾留遠詩

天風吹送八閩船，來結遊湖未了緣。一徑僅容飛鳥過，四山如護老龍眠。禪心秋月寒潭外，客思孤雲夕照邊。卻笑梁谿元不到，清吟空把斷碑傳。

元宣慰使淩中奉詩

其一

避暑投陰正午初，臨流無奈水涼何。莫言一掬湖光小，曾活蒼生雨露多。

其二

數頃湖光我到初，蓬萊三島更如何。參禪人去空遺跡，瑤草瓊花依舊多。

邑御史　陳貞豫

初遊湖光巖

巍巍嶺上一湖天，往事傳聞不計年。老媪既能知實地，白牛何事變桑田。巖邊樹老雲添色，鏡裏波光月共圓。南海先生遺跡在，豈無高躅繼前賢。

再遊湖光巖

十載寒窗志未酬，湖光巖畔喜重遊。山僧老去碑猶在，玉女粧成鏡未收。高接雲衢憑遠眺，底通湖廣理難求。登臨莫問前時事，空使沉魂恨白牛。

邑知府　王吉

湖光巖

嵯峨嶺上一湖天，懷古令人憶昔年。老媪不因停竹杖，白牛應盡陷桑田。巖連曙色春常在，水浸湖光月漾圓。我問後坡如響答，書聲長此啓今賢。紀應炎號後坡。

州太守西橋林公以禦寇巡視海道至巖留韻

久抱煙霞志未償，省方遙入水雲鄉。波搖星斗龍吟曙，翠滴潺湲鶴夢涼。仙去壇空丹竈在，客來花落石床香。翛然一豁乾坤眼，駐馬微吟對夕陽。

邑舉人　陳其峩

湖光巖

誰人鑿破混沌初，剖向天南作鏡湖。沙白水清魚可數，巖深樹古鳥相呼。重籠長住西來佛，斷碣猶題宋大蘇。常見蟠龍潭內起，白牛之說有之無。

邑進士　洪泮洙

憶湖光巖

其一

湖水連巖閣，金莖接大荒。雲深人斷影，僧去石留床。魚臥滄波室，猿升薜荔墻。乾坤遺勝槩，到處莫能忘。

其二

仙掌擘雲端，飛泉湛玉盤。日高鼯吠夜，春盡木生寒。洞寂棲燐影，潭空宿月闌。故人仍健在，陟彼一何難。

邑明經　王工

憶湖光巖

其一

湖光之水光如鏡，湖畔之花匝洞開。騷客幾年浮海去，巨鰲此地駕山來。無邊秋色歸瓢杖，不盡雲山入酒杯。同學少年誇作賦，翩翩自有凌雲才。

其二

□識何年白浪掀，至今絕壁掛重淵。應知造物開□異，故向層巒鑿半天。蜀客已隨黃鶴去，秦碑猶照綠苔鮮。年來風雨看奇絕，萬里飛騰指顧前。

邑庠生　陳一言

冬寓湖光巖新建書室有感

凍榔舒看已向陽，梅花畏冷復凝香。巖前一片荒寒色，歸夢搖搖逐曉霜。

洪泮洙

伏波廟

在郡城。

其一

孤舟伏浪薄云煙，俯瞰鮫宮感化先。威震綠林新主眷，名登青史舊勛傳。交南日暖波常靖，合浦春深花自妍。毅烈凌霜光俎豆，擊雷山下四時天。

其二

耀日忠肝照碧波，勛高南史未曾訛。古習遺澤憑雲鎖，舊祠凝煙帶雨過。飲馬開山福物遠，橫舟衝浪濟人多。每談往事思前哲，矍鑠當年志不磨。

文明書院

在縣八都樂民所城内。宋元符庚辰，蘇東坡學士自瓊徙廉，道經興村，宿淨行院。四顧山川，謂鄉民陳夢英曰：斯地景勝，當有文明之祥。既去月餘，瑞芝生其地。諸儒即因其地建書院，曰『文明』。坡自□石城歸中息松明樹下，於島中取泉而甘，後人卒於松所立松明書院。

蘇軾

宿淨行禪院

荒涼海南北，佛舍如雞棲。忽此榕林樹，跨空飛栱枅。當門列軒井，洗我兩脚泥。高堂磨新磚，洞戶分角圭。倒床便甘寢，鼻息如虹霓。童僕不肯去，爲我半日稽。晨登一葉舟，醉臥十里溪。醒來知何處，歸路老更迷。

石門

縣前河東折二十里與石城之東橋、南橋二水合，出石門山，自西跨東，石壁千仞，障斷河流，中闕若門，以通潮之上下，故曰『石門』。每潮至，水自門涌入，浪擊濤奔，聲振林木，退亦如之。及至潮平，則萬籟無聲，水天一色。環視四山，蒼翠浮動波面，又不啻西子臨鏡，艷粧出浴時也。土人每以小舟竹筏，俟水退，氽艨其中，潮平而還。以月夜照之，真有如東坡《后赤壁》所云水落石出，斷岸千尺，山高月小者，詞人詩客多載酒遊其下。

石邑庠生　黃奇紫

石門月夜放舟

□酒放江頭，清歌盡夜遊。閑雲隨擁棹，明月好垂鈎。□懶幸無礙，披蓑看斗牛。魚游滄海闊，水落青天流。短笛前舟起，蘆花颯颯秋。

邑明經　王工

九月會良田諸友石門登高

乘風攜手步天臺，兩地金尊一處開。海闊煙收木葉下，天高水落白雲堆。無因看竹攜琴去，正好黃花載酒來。解嘲不須驚落帽，風流還我少年才。

陳一言

遊石門

踏盡荒崖日已晞，漁歌互答卻忘歸。海鷗不解騷人意，偏向沙頭款款飛。

石門泛舟

半世生涯已自籌，潮生潮落任遨遊。得魚沽酒高歌飲，休管橫舟礙白頭。石門中有白頭石。

王工

七夕立秋偕諸友舟遊灘門

在縣北二十里。

沙白渚清杉木舟，波心日晚共鷗遊。橋成天上雙星夜，梧落人間一葉秋。斗酒呼來天似水，洞簫吹處月橫舟。不須更乞人間巧，直泛浮槎犯斗牛。

陳一言

灘門垂釣〔一〕

邑明經　王懋修

東華山寺　縣東門外

□廁城廂百感穿，冷□□□鬧叢眠。岸隨舟轉無□地，月逐雲飛仍故天。塵世偏饒癡□貴，蓬萊那

〔一〕此詩原刻本全然字跡漫滅，無法辨識。

有俗神仙。參禪□□回□□，一□拈花古刹前。

避寇

鄉關寂寂□□□，□□□□向小船。書劍閑抛梭日月，貂裘醉典□□□。□□不掃千愁去，梧落還驚一葉先。莫是武□□日渡，桃枝傳喚舊時川。

鄒雙

湖光巖一

湖光如鏡野凫鄉，山色平分萬頃塘。波照晴嵐金甓綯，露零青嶂玉生涼。避人好鳥依巖樹，出岫閑雲散錦章。高下盤桓那得盡，移樽小醉夕陽傍。

湖光巖二

極目龍堆澤國濱，天光潭影絶氛塵。空明遠映遥岑外，窈窕潛通怪石垠。百尺湖吞峯上月，四時花發洞中春。桃源景幻迷歸路，願逐漁郎再問津。

外志

寺觀　古蹟　名僧　怪異　邱墓

按舊志，神廟皆類載祠祀中，而於僧寺列之外志。夫二氏之道一也，今一壇一廟皆列秩祀，而於僧寺獨外之。毋以其不蓄髮、不食肉、棄妻子，非人道所爲而特外之耶？余謂祀典，朝廷所頒，其諸寺廟，各聽民修崇，以奉香火。則凡不列朝廷祀典者，皆外之可也。故彙遂之寺廟，具載之外篇，而古蹟之選，可備稽考，則以類附云。

寺觀

東華山觀音堂。在縣東門外小橋頭。

準提菴。在縣東門外吳公泉之上。明崇禎年間，縣丞曹永祚□□買田奉祀，日久傾頹。康熙十二年，把總梁遂華捐募重建。

真武宮。舊在東門外，東門城角，以縣城中多火災，乃開北門，移帝宮，建於正北門外，取以水濟火之義。在康熙二十一年建。

天妃宮。在縣東郊外。

四師堂。在城内西大街東向。

東嶽廟。在縣東郊外準提庵之側。

蕭相公祠。又曰傍塘廟，在縣城南大路傍塘橋之上。府志載，宋乾道間，有瓊莞使蕭公秩滿歸，寓此，舉家不疾而歿，遂葬傍塘鋪側，後顯應降巫，鄉人建廟祀之。

石牛廟。在第三都英靈村地名石矻立，遠望若牛，因以名廟。

天妃廟。在通明港調蠻村。

通濟菴。在縣南八十里莊家渡。宋咸淳間，僧劉宗成就莊氏之地創建。先是，宗成募緣建通濟石橋，跨渡之上。陸仁木記：故菴因橋名，後毀於刼火。洪武五年，僧無量重修。正統間，鄉人鼎建。正德間，宗成之后劉佐等再建。菴西有書舍，後山巔撫松蔭爲講堂，今廢。

湖光菴。宋僧琮師孫氏禪練創建。元至大間，孫裕等塑佛像三尊，孫圭等捨田爲供。明洪武間，知縣張昭重建。孫希武爲記，詳見湖光巖。

西山三殿神。英靈廟之後，在八都海濱。

謹按：雷俗尚巫，皆緣術士妄言禍福愚民，因而惑之。乃濱海相沿之故習，即當事正人君子明知其非，不能變其俗，其中實不可解，此傅奕韓愈之所以獨擅千古也。宇内郡國京圻輪藏梵宇擬於王宫，則事佛尚鬼匪雷地惟然，抑氣運使之故，習尚趨之耳。至於雷郡淫祠，嘉靖間學使魏校奏詔毀之，銅像發學鑄造祭器，黜邪還正，大有關於人心世道，而久廢廟宇，尚有志其基址者，蓋記以彰魏公之正氣，非存以開後來之邪端也。司世教者，蓋知所從焉。洪泮洙記。

論曰：粵俗尚鬼，未有如雷之甚者。病不請醫而請巫，香幣牲牷，焚修懺祝，竟與病人相終始。嗟乎，亦可以省矣。使巫而有益也，死者可以復生，巫而無救於生也，則禱者亦可以理止，奈何？踵謬襲迷無已時也。夫禱者精心密懇，以悔禍於天，以人代之，則不屬矣，況雷之巫祝又皆室家□穢，曾何有三齋七戒之誠，以是代祈於神，神益去之遠矣，肯孳之哉！家曲卷必有叢壇甚矣，雷俗之邪也。然進而論之，豈惟雷然。宇內郡國京圻輪藏梵宇擬於王宮，而圣廟宮牆多有頹陋，不蔽風雨者。世有縉紳大夫語以禪修，欣然愿爲功德主，倘持文廟疏求助，則攢看袖手而不欲吐，又何怪嗤嗤者之顛倒也。禍福最易動人正直，自難諳衆使宣圣而禍福於人間也。安知奔走崇奉，又豈出二氏下哉！魏莊渠毁淫祠，粵俗幾一變。未幾，廢者復舉，則化邪歸正，是在地方豪傑主之而已矣，非搴帷假節之人所能一朝頓祛其痼習也。

古蹟

廢椹川縣。故址在二十六都湛川村，距縣五十里。隋改椹川，大業初廢入扇沙，不可考。

廢鐵杷縣。即府志、通志所載廢遂溪縣也，遺址在今舊縣村，以水名鐵杷溪，故名。

桐油驛故址。在二十五都桐油村，距縣三十里。元至元十七年建，天歷間改創，今廢。

城月驛故址。在二十二都城月村，距縣南九十里。洪武九年遷木村建。

新安驛故址。在二十二都下村，弘治間裁革。

湛川巡檢司故址。在二十六都湛川村，距縣西五十里，元至元三十一年設，即古湛川縣地也。洪武三年遷今司。

潿州巡檢司故址。在第八都博里村海島中，距縣西二百里。元至元三十一年建，洪武七年遷蠶村，今廢。

崇猷堂。址在二十二都地，名文墨鄉，咸淳五年尚志建，元末始廢。

文明書院。在第八都樂民所城內，詳載書院。歲久傾圮，遺址尚存。

祭海亭。在第三都英靈村，每歲三月十二日、六月十二日，郡官遙祭東海之神於是亭，今廢。

崇福寺。址在縣西拱宸坊，今廢。

萊公井。在英靈里祭海亭前，詳見井泉，址存。

龍王廟。在討網村前，有海嶼三墪，上有怪樹離□，人稱龍王廟。有泉淡而甘，號龍泉，天旱祈雨於此，取勺□至則雨。

大蓬萊。即縣東海五圖，地在縣東南海中，□□海中突起，長百余里，包出白鴿寨之外，與雷州之峙禮嶺對峙，爲雷州海舟入門之口，實爲雷之外藩。其在西海潿洲，蓋小蓬萊也，輿圖誤載。

鹿洲。古志稱，東南八十里有鹿洲，地沃腴，盛產蓮花，居民百余家，或謂即東海地，或曰自府東達東海，皆斥鹵咸潮，不產荷，且以里至言之，東海於雷爲近，今東海之北，地名東頭山，上多渦池，荒林產鹿，意者其北是乎，記以俟考定。

武樂水。自螺岡發源，南流轉東入海，即庫竹渡水也。漢時伏波將軍路博德駐師於溪北岸，水聲潮涌，與軍中笳鼓之聲鏗鉱相答，固名武樂，鄉音訛爲武黎，墟與社皆以名之。

龍爬石。在舊縣東五里。宋嘉定九年，天大雷雨，而龍降其地，爪痕在石如鑿，有泉水而石涌出，旋爲潭。鄉村人每遇天旱，於此求雨。府志載，此石在徐聞。按通志，又列遂溪，附記於此。

清涼洞。俗名仙人洞，在縣東南七十里田洋村之南一里許，去湖光巖十里，即湖母山之□峽也。水自交椅嶺西匯，穿地而行，劃其中爲洞，石壁高十數仞，中通一線之天，曲屈嵯岈，自北徑梯其□而下底，皆平石，兩穹窿而成巖，寬者可設十數□，狹可容床榻、門竈、禪床之類，皆具曰古仙人煉丹於此。一泓清水流其中，或如甕，或如盆，或□丈尺，或止通一線。水之左右，峭潔砥平，可臨流□臥，濯足聚飲。沿流而上，兩崖最狹者，如猿猱，盤大石而過，以極於一小湖而止。湖之上，則皆峻壁，無攀援路也。循洞而下數百步，石壁林立，樹木蔽翳，水自石下穿流，以達於田洞中，冬暖而夏涼，爽□而無蒸濕，所以爲貴。惜其遠於城市，騷人墨客所不到，故棄翳煙草中，若使在六橋三竺虎林□□□屐舞履日雜還其中，好事者雖以數十百千□之，而不可得也。故特□而出之，以告夫好事者。

名僧

琮師。本邑人，姓孫氏，居湖光巖。擢拔流俗，足不入城市。聞丞相李綱至，稍一謁之。時官僚欲見琮，長往而去。李綱以詩及布贈焉，備載湖光巖記。綱後退居天台，琮往尋之，竟圓寂於彼。

怪異

金牛。在第八都褉郎村。唐開元中，見一牛色如金，與常牛異，衆逐之，入地而歿。掘六尺餘見尾五寸許，□取之，乃金也。因創庵穴處，名金牛庵。風雨夜，牛常出庵外，跡印於地。

白牛。詳見湖光巖記。竊覽石城縣志，所傳羅湖古州白牛之事，與此適同。但古羅州陷而爲湖，其城垣基址猶有存者。今巖湖乃大嶺中自渦爲湖，四圍絕壁參天，非村舍之場。意天地開闢，自有此湖，而世因羅湖白牛之事誤傳，亦未可知。

石牛。在第三都馮村之前。陳時有客驅牛至此，夜歇厥明，牛皆爲石，因建廟，即烏卵山雷種之祖地也。

邱墓

宋蕭莞師墓。在縣南傍塘館鋪之側。

選舉、鄉賢、貞女、藝文、外志論

論曰：圣主承天御極，天下之大，不可一人理也。往往寄物色於塵埃之外，求俊乂於孝弟力田之科，大破資格，伏處寒單者，皆得身都通顯，遠在荒繳者，咸與觀光上國，徵辟之典，於今爲烈，選舉之所由重也。山陬海澨之鄉，鍾陽明之氣，而蔚爲川岳之光，曰鄉賢。深閨慈幃之內，毓坤輿之貞，而彰爲淑慎之儀，曰貞女。此皆天壤間不多得之人，千古來不數覯之品也。德行之美，著爲文章，大雅之風，關乎氣運，藝文安可少乎。然而篇什所傳，其得諸陳議諷詠之餘，寄於邱園廬墓之間者，外志不彰彰可考哉。有民社之責者，當以數者爲競競，不然，選舉不廣，野有遺賢矣；鄉賢不彰，孤芳無色矣；貞女不旌，淑德云亡矣；藝文不紀，彬雅湮滅矣。外志不書，其何以景伊人於百世之上，辨災祥於百世之下哉？故并論以及之。洪泮洙識。

新修遂溪縣志跋

邑之有志，所以志其地、志其人、志其事，俾邑中之山川、形勢、市墟、里社、兵農、財賦所自出，禮樂、政教所由施，名公鉅卿之創建，孰存而孰亡，故家遺老之傳聞，誰得而誰失。滄桑遞變，孤貞何以不磨；文獻云亡，著述何以相維。一展卷而瞭然者，非志不爲功。我雷舊有郡志，合三邑而彙紀之。縣志從未舉行，故遂之地之人之事，僅識其畧，槩未悉其周詳，不無九閽萬里之恨矣。

歲在丁卯春，聖天子丕敷聲教，特諭儀部通行直省，修舉志書，俾郡縣各爲分輯，勿令闕漏，猶之觀海者不遺細流，登高者不遺土壤也。宋令君爰暨學博，陳、莫兩先生集余與諸生協力博採，彙成篇帙，綱舉目張，錄近及遠，無摭華而失實，無舉一而廢百，有關於民社者紀之，有裨於城池者載之。分野有書，驛舍有書，正疆域也。軍旅有書，錢穀有書，防虛冒也。忠臣有書，遺逸有書，旌善良也。叛逆有書，反正有書，別淑慝也。科甲有書，薦舉有書，端士習也。津梁有書，廛市有書，利民生也。災異有書，兇荒有書，示修省也。音之所存者，無容任意爲去留。今之所紀者，無敢同聲而附和，將見嶺外版輿、海濱風俗得以附十五國之風謠，佐二十一史之鑒觀，予於吾遂有厚望焉。邑人洪泮洙謹跋。

圖書在版編目（CIP）數據

康熙遂溪縣志 /（清）宋國用修；（清）洪泮洙纂；蔡平整理 . —廣州：暨南大學出版社，2020. 10
（粵西府縣舊志叢書 / 孫長軍主編）
ISBN 978 - 7 - 5668 - 2956 - 6

Ⅰ. ①康… Ⅱ. ①宋…②洪…③蔡… Ⅲ. ①遂溪縣—地方志—清代 Ⅳ. ①K296. 54

中國版本圖書館 CIP 數據核字（2020）第 163947 號

康熙遂溪縣志
KANGXI SUIXI XIANZHI
（清）宋國用　修
（清）洪泮洙　纂
蔡　平　整理

出 版 人：張晉升
策劃編輯：杜小陸
責任編輯：潘江曼　亢東昌
責任校對：劉舜怡　黃曉佳
責任印製：湯慧君　周一丹

出版發行：暨南大學出版社（510630）
電　　話：總編室（8620）85221601
營銷部（8620）85225284　85228291　85228292　85226712
傳　　真：（8620）85221583（辦公室）　85223774（營銷部）
網　　址：http：//www. jnupress. com
排　　版：廣州良弓廣告有限公司
印　　刷：深圳市新聯美術印刷有限公司
開　　本：850mm × 1168mm　1/32
印　　張：10. 125
字　　數：248 千
版　　次：2020 年 10 月第 1 版
印　　次：2020 年 10 月第 1 次
定　　價：88. 00 圓